玉環勝迹圖志

玉环县地方志办公室　编

方志出版社
Publishing House of Local Records

《玉环胜迹图志》编委会

主　任：林先华

副主任：金碧辉

成　员：肖加福　李卫国　林建荣　陈毅法　林仁斌　陈海晓　董俊杰　陈伟鹰　吴美英　金　鑫　金华松　占江鹏　李国立　曾志斌　陈绪统　林　杭　戴金勇　赵梅英　林　杰　骆骏骞　张国力　林金玉　金荣通　潘明贤　梁玉柱　项秋霞

《玉环胜迹图志》编辑部

顾　问：王元良

主　编：潘明贤

副主编：张一芳　方贵川　黄开标　黄建军

协　编：董招春　林文满　郑福田　娄昌福　吴达夫　颜斌辉　叶长林　贾永梁　林明杰　徐克金　杨　青　袁英祥

摄　影：苏光宝　苏长春　黄建军　孙仁雨　郑翔耀　苏友强　林文满　施荣华　黄德建　林明杰　颜道明　李支平　吴达夫　陈　丹　林楚炳　倪　诚　应　军　施　展　吴思德　陈　斌　林道纪　黄　翔　林剑啸　吴小平　詹　智　翁尤标　孔庆贵　许宏志　叶云飞　郑福祥　卓建华　胡云美　卓华北　李瑾绘　李庆松　郑新泉　陈严雪　王豪昌　陈振武　耿赛红　张　毅

绘　图：王元良　莫云林

编　务：傅梅林　董水英　周金余　陈　伟

校　对：施含笑　张佩珠　张　杰　陈李琬　吴小娥　许留夷

序

玉环县人民政府县长　林先华

烟波浩渺的东海，矗立着珍珠般撒落的岛屿，叙述着一个个动听的故事传说；气势磅礴的雁荡，裂变出巨龙似奔腾的大山，成就了一幅幅秀美的山水画卷。三合潭，拂去层积厚土，揭开尘封三千多年的先民足迹；大雷山，承载古老文明，蕴藏孕育近一千八百年的深奥玄机。

徜徉玉环历史长河，一位位先贤向我们走来，他们呕心沥血，为玉环创下了许多辉煌的史迹，使得玉环这片古老的土地几经跌宕起伏却依然迸发出强劲的冲击力。《玉环胜迹图志》注重历史的真实性，辑录了具有代表性且有广泛影响力的古迹遗址，以示对前人的尊重和怀念，旨在彰显先贤的人格魅力，弘扬良好的民族特质，传承优秀的地方文化。

玉环位处地角海隅，在历史发展的角逐中屡遭迁弃，但大自然造化没有亏待玉环，同样赋予玉环山水百般灵气。许多人把欣赏风景的目光瞄向远方的名山大川，其实我们的家乡并不缺乏美，而是我们自己缺乏审美的锐眼。《玉环胜迹图志》注重地域的特色性，尽心搜集和挖掘当地优美的山水风光，为沉寂的古木陈石注入新的生命，为偏居的山野村落激发新的活力，为玉环的可持续发展增添几分山水灵气。

《玉环胜迹图志》用串珍珠的方式，把散落在全县各地弥足珍贵的胜迹汇编成册，融历史性、直观性、趣味性、普及性为一体，图文并茂，老少皆宜。

编辑《玉环胜迹图志》是一项接地气的工作，是实现“了解玉环从史志开始”和“跟着图志游玉环”计划迈出的踏实的一步，必将激发全县人民热爱家乡、建设美好家园的热情，必将推进地方历史文化传播和经济社会发展，具有深远的历史意义和广泛的现实意义。《玉环胜迹图志》将引领大家多角度地认识本真的玉环，值得一读。

是为序。

2015年6月

凡　例

一、本图志以中国特色社会主义理论体系为指导，坚持科学发展观和实事求是思想路线，注重历史演变的真实性和地域文化的特色性。

二、本图志根据国务院《地方志工作条例》，发挥方志工作主动服务地方经济社会发展的功能，弘扬先进民族文化，传承地方特色文化，挖掘潜在旅游文化。

三、本图志注重历史性、直观性、趣味性、普及性的有机统一，以图为主，以文为辅，图文并茂，穿插民间故事、古诗选载、古文选载、史料辑录、史迹考证以增强可读性。

四、本图志分门类辑录，按时序编排，上溯事物发端，下限2013年12月，部分图片顺延至出版前。

五、本图志设古迹遗址、山水风光、乡村古韵、古树名木4编，另设附录收录2处湮没古迹。古迹遗址编记录玉环有积淀的历史古迹和党史胜迹，山水风光编根据《方志通义》“名胜宜纯凭自然”为宗旨，乡村古韵编突出玉环古镇渔乡风情，古树名木编记录本土及引种古树名木。所选内容具有代表性和影响力。

六、本图志原则上采用国家法定计量单位，但历史时期的度量衡单位仍沿用旧制。

七、中华人民共和国成立后的时间表述采用公元纪年，清代及清以前采用朝代年号纪年、农历纪月日，括注公元纪年。民国时期采用民国纪年、公历纪月日，括注公元纪年。引用文章和史料尽可能保持原样。

八、阿拉伯数字书写的数值一律使用波线式连接号（～），占一个字符位置。史迹或历史文献中无法辨认的文字以“□”填补。

九、本图志内容均有史料来源，一般不注明出处。

目　　录

第一编　古迹遗址

第二编　山水风光

第三编　乡村古韵

第四编　古树名木

附录　湮没古迹

概　　述

玉环地处浙江东南沿海，台州市东南端，东濒东海，南濒洞头洋与温州市洞头县相连，西、西北隔乐清湾与温州市乐清市相望，北、东北与台州市温岭市接壤。境内岛屿林立，海礁棋布，全境由楚门—玉环半岛及茅埏、披山、鸡山、江岩、大鹿等43座岛屿组成，辖区总面积405.5平方公里，其中陆地378.5平方公里，水域27平方公里，另有海域面积1930平方公里。

一

玉环岛古称地胏山、榴屿、木榴（溜）屿（山）、玉溜（瑠）山，为避五代吴越王钱镠讳，改名玉环。据三合潭文化遗址考证，玉环县境在商周时期已有人类聚居。

西汉初期，玉环境地属东瓯国，东瓯王迫于闽越王侵扰，举国内迁至庐江郡（今安徽舒城），玉环境地被东越人散居。后东越王余善反汉败，闽越国被除，朝廷将东越人内迁至江淮（今江苏省地）。

魏晋南北朝时期，北方豪门士族为避战乱纷纷南迁，黄老学说盛行，玉环境地成了名闻遐迩的道场。唐代杜光庭所著《洞天福地岳渎名山记》将玉溜山列七十二福地第七位。唐中晚期，民间佛教渐盛，会昌二年（842年）日本僧人惠运经玉瑠镇赴五台山朝圣。灵山寺得唐懿宗赐名和宋神宗赐额，并得宋廷拨库银扩建。福生院得宋英宗赐额。唐末、五代及北宋初，中原多故，闽地战乱不休，闽南及各地官民为避战祸移居浙南沿海者甚多。

南宋乾道二年（1166年）秋分之夜，玉环岛遭狂风骤雨并海溢，溺死者数万，始建于北宋太平兴国三年（978年）的天富北监盐场千余家市肆皆空，40年后才得以复设。

明洪武二十年（1387年），因倭寇扰边，朝廷强令港南岛屿居民内迁。嘉靖二十四年（1545年）发大水，楚门一带堤塘田亩被冲毁，军民上玉环岛冒禁耕种，又有福建渔民搭寮居住。

清顺治十八年（1661年），为平定南明王朝和反清复明势力，玉环全境被迁弃。至康熙二十二年（1683年）郑克塽降清，港北移民重返家园者渐增。至雍正五年

(1727年)，玉环得以复垦，次年设厅立治，为温州分府。雍正八年（1730年）始筑厅城。嘉庆八年（1803年）始建学宫。道光二十二年（1842年）扩建考院。

二

玉环位于太平洋西岸、温州与台州两个沿海城市交接处，是福建、温州通往台州、宁波、舟山、上海的水上交通咽喉，“外临大海，内近温台，实为海疆诸郡之屏障，洋面往来之要区”（引自《巡抚李卫请展复玉环山奏议》），自古以来为兵家所看重。

南宋建炎年间（1127～1130年），玉环境地设北监、梅岙、青岙、小鹿4寨，并列温州海防13寨。

元代置北监、小鹿二巡检司。至正十年至二十六年（1350～1366年），县境被方国珍义军武装割据。

明洪武三年（1370年），小鹿巡检司移驻楚门横山（今西青山）。洪武二十年（1387年），因倭寇扰边，楚门置御倭水军千户所。洪武二十六年（1393年），于桐林（今沙门镇司边）复置小鹿巡检司。次年在苔山设温岭巡检司。洪武二十八年（1395年），倭寇犯扰茅岘（今茅埏），明军置茅岘巡检司。永乐十六年（1418年），温岭巡检司移至三山（今清港镇泗头）。嘉靖年间（1522～1566年），倭寇大举进犯，明军于温台沿海列营分哨，四参六总领兵会剿，玉环境内设漩门哨、灵门哨、鹿头哨、垟坑哨，均有重兵驻守。嘉靖四十年（1561年），戚继光驻大雷山营岙，督率诸将水陆并进，会剿倭寇于披山洋等处，取得邳山之役大捷。

清顺治六年（1649年），南明鲁王舟师及反清复明势力占据玉环境地。清廷于顺治十八年（1661年）下达迁海令，又于康熙八年（1669年）在竹冈设防，次年置竹冈寨。雍正六年（1728年）玉环展复后，建玉环营，有水兵、骑兵、炮兵、步兵等诸多兵种，并配备火炮、战舰。

民国时期，国民政府陆地测量总局在坎门鲳鱼岙建起国内第一座由国人自主建造的验潮所。土地革命战争时期，中国工农红军第十三军二团楚门（海上）游击大队活跃在玉环沿海及各岛屿前后五年时间。抗日战争期间，侵华日军多次登陆玉环，将玉环列为从水路进击内陆的跳板和从水路败退的后方基地。抗日战争后期至解放战争时期，海上游击大队进驻乐清湾，建立以大青岛为中心的海上游击根据地。

玉环解放初期，国民党残余武装盘踞玉环沿海岛屿，人民解放军经过六年艰苦卓绝的拉锯式战斗，击退国民党军多次反攻。玉环沿海及岛屿留下了战壕、防空洞、碉堡、弹药库等工事遗址。

三

清代，玉环有环山胜景、江北胜境和楚门八景，从当年地方官员和文人墨客咏叹的诗文中，可以想见玉环山水风光的秀丽迷人。时过境迁，上述胜迹风光不再，令人惋惜。但任凭时光悄然流逝，任凭世道如何纷杂，大自然依然赋予玉环独特的山海风光。

大鹿岛为海上风景旅游度假区，海上森林、奇礁异石、岩雕艺术构成大鹿岛“三绝”，为国家AAAA级旅游景区。玉环漩门湾观光农业园体现当代传统农业园的生产功能、生态功能、文化功能与观光休闲度假功能，激发游客“知农、学农、爱农”的情趣，为国家AAAA级旅游景区。玉环漩门湾湿地公园由近海与海岸湿地、河流湿地、沼泽湿地、人工湿地等4类9型的湿地资源组合而成，为全国围垦工程中唯一的国家级水利风景区、国家级湿地公园试点建设单位，获“中国生态保护最佳湿地”称号。龙溪动漫花谷以“慢生活、亲自然、更和谐”为理念，是一个融艺术性、科学性、参与性为一体的特色乡村休闲旅游景区，为国家AA级旅游景区。

玉环公园是融观赏、游憩、文娱、健身、儿童游戏、展览、小型集会等为一体的县级综合公园，仿苏州园林设计，体现明朝庭院风格，讲究亭台轩榭布局、假山池沼配合、花草树木映衬、近景远景层次。玉环石榴园是一座观赏性公园，全园植物以石榴为主，配有紫薇、银杏、香樟、垂柳、桂花、榕树等60多种植物。江岩岛森林公园按照“落霞与孤鹜齐飞，秋水共长天一色”的美妙意境，分为落霞园、孤鹜园、秋水园、长天园及草滩游乐区，可让游客亲身体验春赏鹃红樟绿、夏避烈日酷暑、秋尝鱼肥虾美、冬住岛上人家的乐趣。

大雷山为玉环最高峰，既是玉环与温岭的分水岭，也是冬御寒风、夏拒热流的天然屏障，可打造融生态、健身、养生、休闲度假为一体的精品森林公园。峦岩山峰秀石奇，各呈其趣，具有独特的观赏性和学术研究价值。石峰山是华东地区唯一保存完好的海岛火山遗址。丫髻山山岩峻峭，松荫苍翠，气势雄伟。百丈岩峰谷交错，怪石奇形，有多处名胜古迹。牛角坑幽谷静谧，碧波纳翠。五门礁石嶙峋，幽洞遍布，是观潮的好去处。白马岙以黄金沙滩为中心，近海奇岩怪石密布。鹭鸶礁徒步可赏岙口景观，出海可赏三条青海岸风光。干家岙山上溪间奇岩怪石星罗棋布，神奇的传说赋予山石百般灵气。后沙滩是全开放的天然海滨浴场和风季最佳观潮区，两侧海岸布满奇礁异石。大龙湾为玉环近海最深处，曾被侵华日军作为军用港口，附近山崖石峰奇特。龙潭坑峡谷曲折幽深，山青水秀。田螺基山为县境第二高峰、玉环岛最高峰，腹地山势平缓，登高俯视乐清湾一览无余，附近陈府侯王庙内有一眼清洌甘甜的泉井。双峰台系玉环岛第二高峰，登高可俯视乐清湾至瓯江口洋面，留下古老的历史传说。

楚门镇是一座有着深厚历史文化底蕴和丰富地方文化内涵的经典江南小镇和历史文化名镇，古有东桥水月、南浦渔舟、西崖滴翠、北渚环流、中街鱼市、高阁文房、离峰红照、星沼绿波八景，当代有九曲桥晨曦、丫髻山长城、大坦里晨练、文化城晚唱、百联阁墨香、龟山塔夕照、济理寺风光新景。沙门镇拥有千年古樟、银杏等古树名木，除五门沿海、干家岙外，还有灵门渔港、日岙鹅卵石滩、小闾水库、司边土城、水桶岙等风光。历史上的鸡山被作为海上军事要地受世人看重，发生过“邳山之役”，留下了应保寿洋屿关帝庙脱险的印迹，也铭记着侵华日军强行霸道的斑斑劣迹，披山岛南岙墨鱼洞毒杀事件世代难忘，更有海岸基岩经海浪冲蚀形成千姿百态的海蚀地貌景观令人叫绝。海山乡既是南明时期反清复明势力的驻地，也是土地革命时期和解放战争时期的革命根据地，海山潮汐电站是全国最早的双库单向全潮蓄能蓄资水电站。

东沙为浙江省第一批历史文化村落保护利用重点村，依山就势的石屋故居体现典型的东南沿海建筑风格，古老的历史遗迹印证祖辈艰难曲折的人生历程，保持完好的革命旧址唤起人们对先烈们的追忆和“巩固海防”意识的觉醒，奇特的海岸风光定会让人一饱眼福。东西岙文化底蕴深厚，有“自古高官出竹冈”之说，到处布满史迹遗址。水桶岙山海相得益彰，充满神奇色彩。

四

古树名木是历史的见证，昭示着朝代更替、人生悲欢和世事沧桑，保护古树名木是中华民族孝亲敬老传统美德的体现。

县境古树就品种而言，有古樟、古柏、古银杏、古罗汉松、古柞、古茶花、古黄杨、古冬青、古榕、古朴、古柿树、古石榴、古大叶桂樱、古桧、古桂花、古海桐、古喜树、古枫、古红楠、古杨梅、古紫薇等。就树龄而言，始植于宋代的有楚门东西岙法师殿古樟、沙门小闾古樟、清港柏树台门、沙门大岙里古银杏等；始植于明代的有楚门坑郑古柞木，玉城龙潭古罗汉松、古茶花、古黄杨，沙门水桶岙荞麦坑古冬青等；始植于清代的有大麦屿小古顺古榕、新塘古榕，楚门坑郑古大叶桂樱、竹冈古桧树，鸡山火车古朴，玉城三合潭古柿树、石榴园古石榴，沙门干家岙古樟、岭岙古罗汉松等100多棵。玉环柚被世人誉为“柚中之王”。木麻黄于20世纪60年代试植，80年代得以推广。后期引种的名木还有北美红杉、北美鹅掌楸、法国冬青、台湾相思树、华盛顿棕榈、澳州苏铁、加拿利海枣等。

玉环历史悠久，区域特色鲜明，融合了海洋文化、农耕文化、移民文化等诸多要素，既有丰厚的人文积淀，又有优美的自然风光，亟待深入挖掘和开发利用。

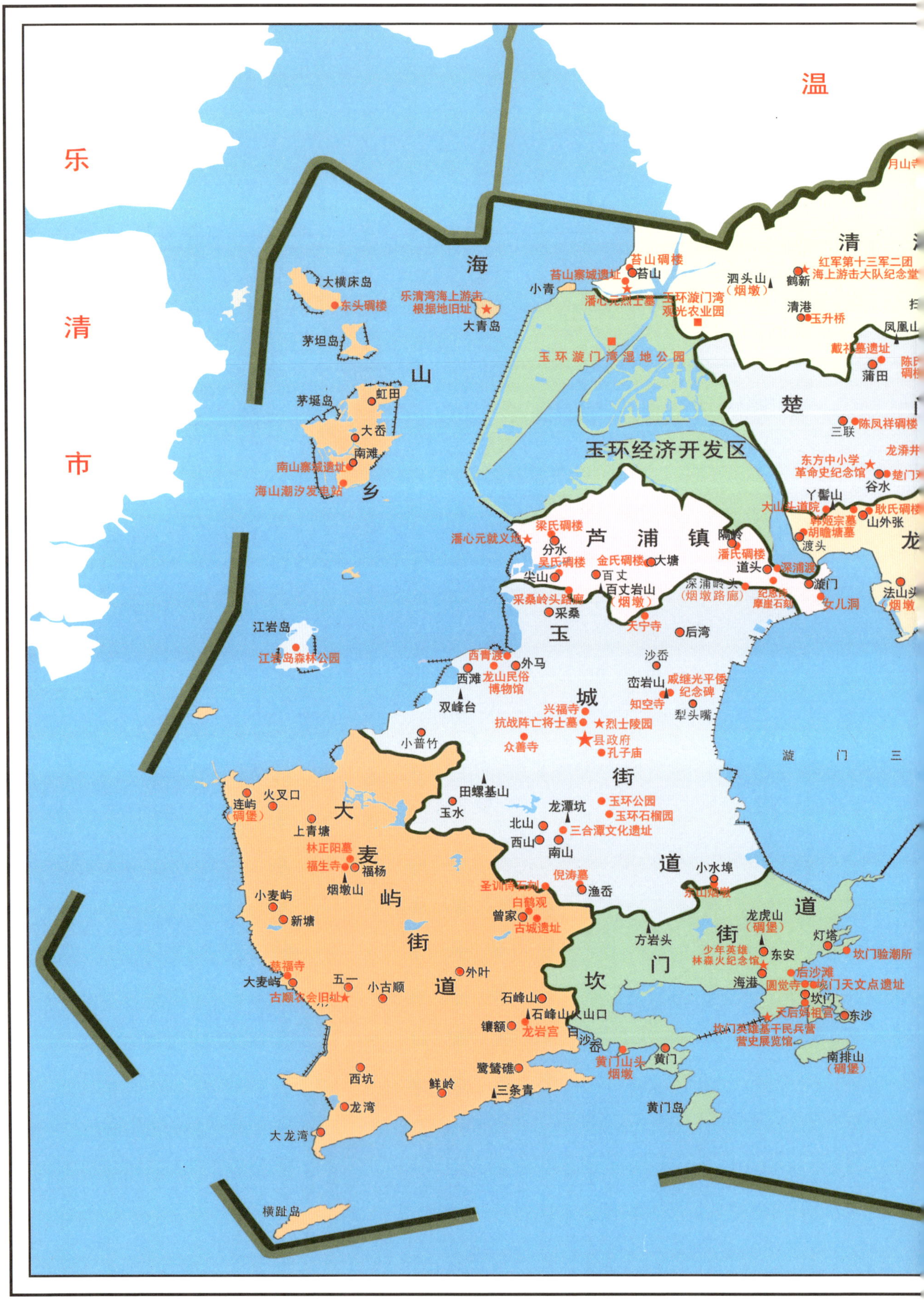

乐
清
市
温
海
山
乡
大横床岛
东头碉楼
乐清湾海上游击根据地旧址
大青岛
茅坦岛
茅埏岛
虹田
大岙
南滩
南山寨城遗址
海山潮汐发电站
小青
苔山寨城遗址
苔山碉楼
苔山
潘心元烈士墓
玉环漩门湾观光农业园
玉环漩门湾湿地公园
玉环经济开发区
泗头山（烟墩）
鹤新
红军第十三军二团海上游击大队纪念堂
清港
玉升桥
凤凰山
戴礼墓遗址
蒲田
清
楚
三联
陈凤祥碉楼
东方中小学革命史纪念馆
龙潭井
谷水
丫髻山
大山头道院
耿氏碉楼
韩姬宗墓
胡瞻塘墓
山外张
渡头
龙
法山头（烟墩）
月山寺
芦
浦
镇
梁氏碉楼
潘心元就义地
分水
吴氏碉楼
金氏碉楼
大塘
陶岭
潘氏碉楼
道头
深浦渡
尖山
百丈
百丈岩山（烟墩）
深浦岭头（烟墩路廊）
纪念碑
摩崖石刻
漩门
女儿洞
采桑岭头路廊
采桑
江岩岛
江岩岛森林公园
玉
城
街
道
天宁寺
后湾
西青渡
外马
西滩
龙山民俗博物馆
沙岙
岙岩山
戚继光平倭纪念碑
知空寺
双峰台
兴福寺
抗战阵亡将士墓
烈士陵园
犁头嘴
县政府
众善寺
孔子庙
小普竹
漩　门　三
田螺基山
玉水
龙潭坑
玉环公园
玉环石榴园
北山
西山
三合潭文化遗址
南山
倪涛墓
渔岙
小水埠
东山烟墩
圣训尚石刻
白鹤观
曾家
古城遗址
大
麦
屿
街
道
火叉口
连屿（碉堡）
上青塘
林正阳墓
福生寺
福杨
烟墩山
小麦屿
新塘
慈福寺
大麦屿
古顺农会旧址
五一
小古顺
外叶
石峰山
石峰山火山口
镶额
龙岩宫
西坑
鲜岭
鹭鸶礁
三条青
龙湾
大龙湾
横趾岛
方岩头
龙虎山（碉堡）
少年英雄林森火纪念馆
东安
灯塔
坎门验潮所
海港
后沙滩
圆觉寺
坎门天文点遗址
坎门
天后妈祖宫
东沙
坎门英雄基干民兵营史展览馆
南排山（碉堡）
白沙岙
黄门山头烟墩
黄门
黄门岛
坎
门
街
道

岭
市
大雷头
大雷山
柏台
柏树台门
清虚宫
中赵
镇
小闾
平环桥
里山
龟岩山
白岭下
干家岙
日岙
双斗
洋根
戴明墓
沙
门
镇
灵山寺
陈参墓
皆山书院旧址
大岙里
泗边
岭岙
司边土城遗址
戴明故居遗址
坑郑
半边山
彭宅
镇
灵门
张岙
五
水桶岙
大沙湾
捕门山
济理寺
门
小长兰山
牛角坑
观
大长兰山
潮
西沙山
毛止熙
旧宅台门
龙溪动
山里
溪
镇
垟坑
灵山头
（烟墩）
盐盘
干
应氏碉楼
江
镇
东渔
白马岙
大观音礁路廊
期
洋屿岛
应保寿部
洋屿
突围战斗旧址
玉环沿海岛屿解放
纪念陈列室
鸡
山
乡
鸡山岛
后岙
小鹿岛
解
放
玉
环
沿
海
岛
屿
工
事
披山岛
（碉堡群）
火车
大鹿岛
大鹿岛风景区
中鹿岛
图例
县政府 县政府所在地
干家岙 行政村
石峰山 山峰
潘心元烈士墓 党史胜迹
大鹿岛景区 景区
三合潭文化遗址 古迹遗址
待开发景点

玉环胜迹分布图

第一编

古迹遗址

【史料辑录】

玉环地名传说

地理说 又可细分为：1.流水说。北宋太平兴国年间（976～984年）乐史编撰的地理总志《太平寰宇记》在永嘉郡瑞安县项内记述："玉环山，一名木陋屿，又名地肺山，山在海中，周回五百余里，去郡二百里。上有流水，洁白如玉，因以为名。"2.地貌说。清同治年间（1862～1874年）增补乾隆《温州府志》及《玉环厅志》均记载，玉环山"状如玉环，形势回旋"。3.漩涡说。乾隆《温州府志》中载有雍正年间（1723～1735年）进士路覲《玉环山歌》诗句："沫激涡旋喷复咽，玉环抛落还珍惜。"意为：大海波涛汹涌，旋涡喷咽，好象一个大"玉环"落入大海，令人珍惜。

遗环说 明嘉靖《太平县志》记述："宋高宗南渡，遗玉环于此，故名。"

避讳说 明《永乐乐清县志》记述："避钱王讳，改今名。"《十国春秋·吴越》称：为避吴越王钱镠讳，改苏州虎镠称浒墅，改石榴称金樱，改留住称驻下，改刘氏称金氏，改留氏称田氏；又以避后梁太祖之父朱诚讳，改乐成称乐清。唐会昌二年（842年）前后设玉瑠镇，更名玉环顺理成章。史学界大多持此说。

洋屿风光

第一章　历史古迹

第一节　古村落

三合潭文化遗址

三合潭文化遗址　位于玉城街道西山和南山两村交接处，地处三面环山的三合潭河谷盆地，文物散布面积约2.1平方公里，是一处商周时期文化遗址，出土文物丰富，包括人类生产工具、生活用具、兵器和祭器等，遗址延续期1800年，为台州地区首例。1971年，玉环电厂基建挖水池时挖出不少石器、小件铜器、陶瓷碎片和残朽木构件。1984年，三合潭村民挖土取沙时又挖出大量石器、陶片和一些小件铜器及似有规律分布的木桩。2000年8月底至9月初，浙江省文物考古研究所和县文管会对该遗址进行专项考古调查和试掘。2001年5～7月，又对该项遗址进行发掘，确认为比较典型、清晰和完整的商周时期干栏式木构建筑村落遗址。三合潭文化遗址不仅为研究玉环的人类文明史提供历史的科学依据，而且对于更好地了解东南沿海岛屿的历史文化和沿革具有很高的研究价值。1986年3月被公布为县级文物保护单位。2005年3月被公布为省级文物保护单位。

三合潭出土的木构件

三合潭出土的瓷狗

三合潭出土的石犁

第二节 古 城

曾家古城遗址 位于大麦屿街道曾家村。其来历说法有三：一为南宋建炎年间（1127～1130年）所置北监兵寨；二为元末方汝宾被朱元璋义军击败后退居玉环岛所立寨城；三为明末清初郑成功部将陈文达屯兵玉环岛时所筑土城。据1987年和2014年陈南出土的古树、古沉船和转运的陶器推测，此城始建于宋代，而且是当时海上丝绸之路一节点。明《永乐乐清县志》载："玉环古城，去县东南一百五十里，在玉环乡山上。周围三百余步，高四丈，门广一丈五尺，水田一顷余，旧有民居。洪武二十年徙悬海居民于腹里，其址今为荒墟。"古城有狗桔城之说。民国时期该处还有多段城址，后因附近村民拆城石建房，城址变成荒坡。遗址最高处有T型城墙根基，宽约0.8米，周边狗桔树紧密排列，推测为瞭望台遗址，东首有正视面积1平方米的棋盘石；坡顶延T型墙根有"文化大革命"时期留下的百米L型战壕；北坡半山有藏兵洞；南坡山岙有一老井；西南面跑马坦有长800米、宽6米的跑马道。这些设施与外叶炮台山、杨家练兵场构成一整套瞭、防、战、练军事工事。曾家及附近还有老城头、城顶、城里、城下、横路头、兵场等地名，但城墙基址等遗存大多不可见，土坡断层中可以看到大量的瓦片等物体。

曾家古城遗址

【民间故事】

狗 桔 城

陈光进搜集整理

元朝末期，朱元璋义军大举南下，围攻鹿城（今温州）。方汝宾无力抵抗，带领残兵败卒在瓯江口找了几只木帆船，来到了玉环岛，沿长山嘴后的蜈蚣岗登上仙人山（今古城山头）。只见这里山高地阔，岗脊平行，三面环海，四周险峻，老藤悬峭壁，古木遮天日，便叫手下结庐安营。从此，瓯江口、乐清湾一带洋面上来往的船只时常遭劫掠。

方汝宾明白，要想长期霸占仙人山，必须在山头筑堡造城。可是，这山上到处是黄土，找不到一块石头。一个初冬的傍午，方汝宾出寨巡哨，见几个喽兵在荆棘丛中采摘野果。这些果木枝叶交叉，满树生刺，又尖又硬，锋利无比。方汝宾从一位老兵口中得知，此果叫狗桔，便吩咐所有喽兵出动采摘狗桔，取出果籽，并在山寨周围划定五里方圆，开垦出一片宽阔的荒地。到了春天，把狗桔籽播种下去，筑成了一座绿色的狗桔城。

狗桔城北面有一条小山岭，叫石牛岭，是通往三合潭的陆路关口，方汝宾派驻重兵把守。东北面另有一条小路，叫十八弯，也是连接三合潭的要道。这两条路旁都是悬崖峭壁。他们利用路边的古树老藤，横架柴棍，搭成高栏，上面放滚木擂石，以防来犯，称之为“滚木擂石台”。离十八弯不远的一个山腰里，开了一个山洞，作为储藏兵器的仓库。山寨南面有一片几十亩地的荒坦，用作操练喽兵的场所，称之为“跑马坦”。

明朝建立后，朱元璋下令温、台两府平定瓯江口一带海盗。两府守备调动七位将领，率领大队人马，开往环山安营，进剿仙人山方氏营寨。初战，官兵直捣仙人山麓，不想大军杀到石牛岭、十八弯，山上滚木擂石倾泻而下，官兵措手不及，死伤无数。三员副将被滚木擂石砸死在山下的南华溪畔。二次进攻采取兵分两路星夜偷袭的办法。一路从三合潭绕圈子，爬山劫寨。另一路乘船渡过环海，从花坪上山，来个南北呼应，两面夹攻。天亮前，南线官兵潜入山上，只见狗桔城围阻，无法进寨。北线官兵只有几个人爬到半山，又受滚木擂石阻击。寨里一声炮响，箭如飞蝗，射杀上山官兵，喽兵分两路蜂拥而出。官兵且战且退，退至南华溪畔，又被喽兵团团围住。官兵死战无援，全军覆没。只有冯大人抓住老藤，坠落在灌木丛中，躲进石缝，直到更深，才偷偷逃回。官兵连败两阵，将领七员损了六员，兵马一千折了大半，冯大人不敢再战，只好向朝廷请罪求援。

几个月后的一天下午，山上喽兵下海打劫，远远看到瓯江口有一只独木小舟，顺水飘来。喽兵飞桨过去，只见舟中坐着一个和尚。只见那和尚端坐着，双手合十，先念一声“阿弥陀佛”，说是蓬莱游仙，特来拜访方寨主。喽兵们听了，以为难得遇上仙人，立刻护送上山。

方汝宾见了和尚，问道：“大仙降临山寨，有何赐教？”和尚道：“贫僧奉蓬莱长老吩咐，特来相助。”和尚盘着双腿，莲花危坐，两手合十，口中念念有词：

星宿下凡王姓方，目今暂栖海中央。

天赐一袋强身种，春播秋收寿无疆！

寨主听了大喜，认为自己将来贵不可言，就向和尚叩首再拜，尊他为师。和尚解开布袋，取出白扁豆、大刀豆、天萝丝、冬瓜、南瓜等种子。寨主如获至宝，因为喽兵们在山上久守，正缺乏蔬菜营养，如今幸得种子，真是天助人愿，自料日后大业必成，就下令大小头目都来跪拜和尚，大摆筵席接风。喽兵们听说寨主是天上星宿下凡，将来可登九五之尊，无不欢颜悦色。从此，方汝宾对和尚言听计从。和尚吩咐在狗桔城里里外外播种瓜豆。夏去秋来，整座狗桔城藤叶漫天，瓜豆倒挂，满寨上下吃得欢天喜地。入冬，北风怒吼，狗桔城上虽是一片黄叶枯藤，但能抵御寒风，喽兵们仍旧十分爱护。

一日，官兵在山下活动频繁，方汝宾即请和尚商议对策。和尚道：“大王，狗桔城居高临下，三面环海，天险地利，何足为惧？大王可速调海口守兵，充集石牛岭、十八弯，只要严加防守，便可高枕无忧了！”寨主听了，连连称是。

腊月的一个午夜，月色朦胧，北风呼啸。一队明军直向石牛岭、十八弯进发。到了山下，点起灯笼火把。方汝宾闻报，断定是官兵进犯，便叫手下用心守关，作好迎击。过了片刻，山下灯火陆续熄灭，隐约间只有几盏在晃动。方汝宾猜想，官兵可能又要潜伏上山，重蹈前车之辙。忽听山下擂鼓呐喊，气势汹汹。方汝宾以为官军举兵强攻，令喽兵准备迎战。突然山下又销声匿迹，山上喽兵不能捉摸。

这时，忽见背后狗桔城大火熊熊，烈焰腾空！原来明军明战关隘，暗渡海口。他们请当地渔民作向导，携带桐油、松香、火药等易燃物品，趁天黑时落船，悄悄从里岙上岸，在朝阳、杨家山等处埋伏。静守到四更，大家一齐点着火把，冲向狗桔城，老藤枯叶一点即着，火乘风势，风助火威，霎时间，整座狗桔城犹如一条火龙腾空而起。守在北面关隘上的喽兵一见，无不大惊失色，便一齐弃关，自去抢救营寨。明军将士趁机冲上，喊杀声惊天动地。山上喽兵腹背受敌，四散乱窜，自相残杀。方汝宾见大势已去，料难自保，想找和尚算帐，哪有和尚的影子。他只得望天长叹，拔剑自刎。喽兵们死的死、伤的伤、投降的投降……方汝宾苦心经营的这座狗桔城就这样付之一炬。

这个和尚不是什么蓬莱游仙，就是当年攻寨败退躲进石缝中逃生的明军将领冯大人。人们为了追念冯大人他们平定海盗、为民除害的功绩，就在十八弯下、南华溪畔造了七星爷庙。

【古诗选载】

古 城 头

清·庞鸿翥

元人失其政，群雄互相角。
仗剑草泽间，逐彼中原鹿。
真人应天命，争先夸捷足。
混一区夏间，谁不奉正朔。
方氏旧河山，割据成残局。
明善守不支，汝宾行就缚。
温台望风降，保此意何欲。
归命美窦融，纳士思钱俶。
所以古今来，达人贵知足。
不见东陵侯，种瓜亦何辱。
大江日东流，逝者不可作。
沧海变桑田，赢得田家乐。
闲话付渔樵，管甚风波恶。

楚门所城遗址 位于楚门镇。明洪武三年（1370年）迁小鹿巡检司于玉环乡三十三都横山（又称琴山、楚门老岸，即今西青山）。洪武二十年（1387年）因倭寇扰边，徙海岛居民于内地，信国公汤和奉命巡视边海要地，置楚门御倭水军千户所，督建楚门所城，始属磐石卫，后隶松门卫。方明谦襄办建造楚门所城，所城周围7里10步，高2.4丈，厚2丈。所城建有迎阳楼、宁川楼、镇海楼3座城楼，城内有正厅、公馆、营房、演武厅、广盈仓、参将衙、指挥衙、农政厅、七星池等建筑，城外有北门河、东门河、南门河及围渚港等护城河环绕。清顺治十八年（1661年）迁徙时废弃。玉环展复后残堞、谯楼尚存。清后期市井庙宇日渐恢复，至光绪年间（1875～1908年），东西长约150多丈，南北宽约90多丈。后圮。千户所所址在大帝庙原址。

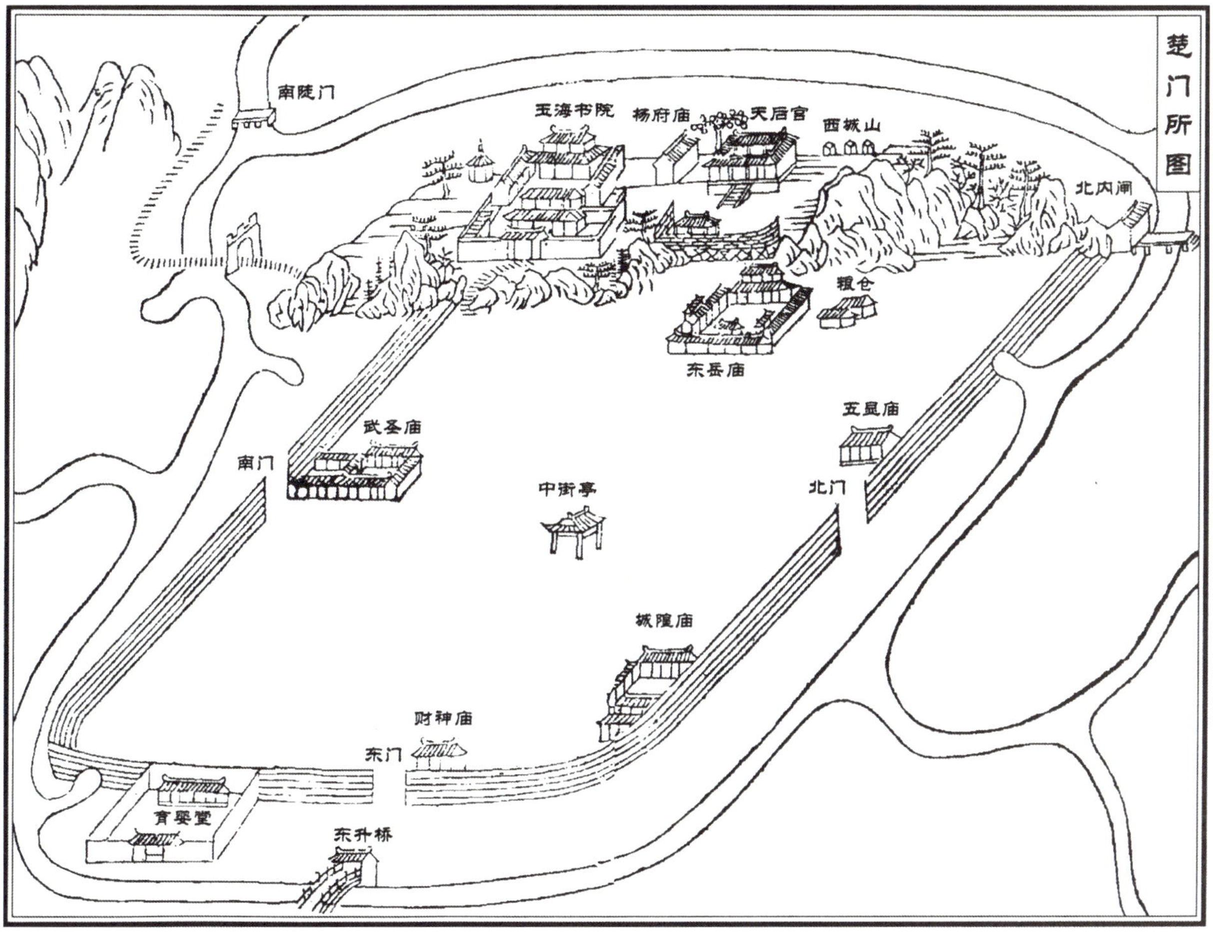

司边土城遗址 位于沙门镇司边（今泗边）蛇山西麓。原为明洪武二十六年（1393年）所筑的小鹿巡检司，正厅三间，鼓楼一间，吏舍三间，巡兵舍三间，弓兵房十门，城垣周围一百四十丈，高一丈六尺，设巡检一员，司吏一名。清光绪《玉环厅志》载："司边山在龟山西，断而复起，平冈横列，状若长蛇，一名蛇山；又似琴，曰琴山。为桐林屏蔽。明洪武间筑垣置巡司，上有瞭望台，下有司垣，基址尚存。山南里许即大海。"土城东依平冈，高3米，底宽15米，南长76米，西长108米，北长63米，呈不规则方形状。清嘉庆年间，土城内建城隍庙，周围数十间房屋，中间有戏台。"文化大革命"时期，城隍庙被拆除。土城城脚尚存，城内除后建的城隍庙和一家企业厂房外，其余为良田，城头被村民垦种蔬菜。

司边土城遗址

明成化十二年后太平县玉环乡图

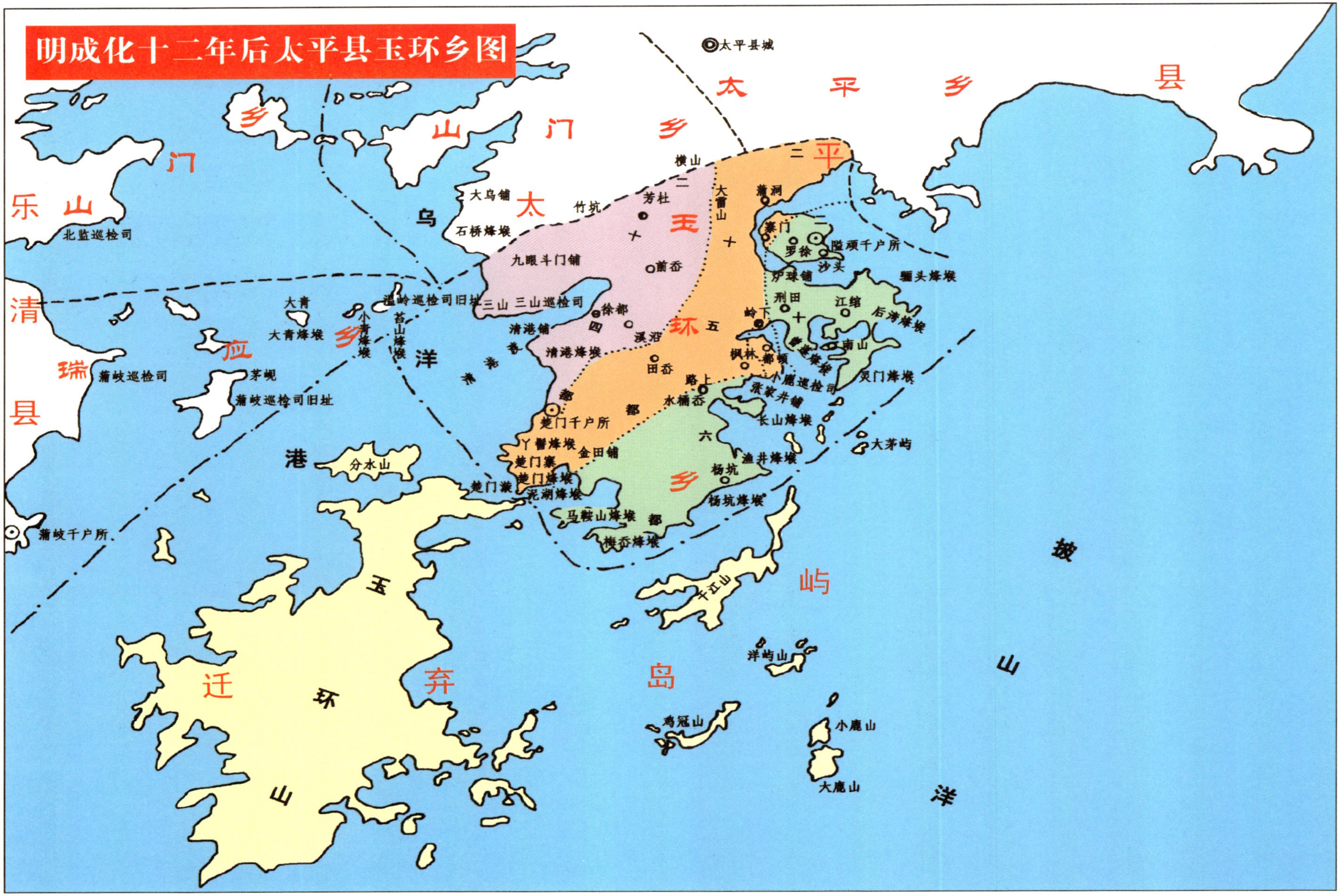

苔山寨城遗址 位于清港镇苔山村东南山顶。原为明洪武二十七年（1394年）所设的温岭巡检司旧址。明《永乐乐清县志》记载：“温岭巡检司在本县瑞应乡十六都苔山，国朝初置在台州府黄岩县三十七都温岭，洪武二十七年安陆侯吴杰奏准移置本址，巡检臧善创，仍隶黄岩县。”永乐十六年（1418年）再移至玉环乡三十二都三山（今清港镇泗头山）。清顺治年间（1644～1661年），南明阮骎将军在巡检司旧址筑苔山寨城，与陈文达驻守的南山寨城遥相呼应，成犄角之势。寨城依山顶地势而建，呈不规则曲线形，面积约3万平方米。城墙由块石砌筑，周长约600米。城内建有校场用以练兵，城南约半里有营房、哨台、烟墩等建筑，城东北百米内有一水井。顺治十八年（1661年），朝廷下令“撤边海三十里民居而空其地”，苔山寨城随之废弃。现三分之二城墙遗址尚清晰可辨，保存最完整一段高约3米，截面呈梯形。2004年1月被公布为县级文物保护单位，2011年1月被公布为省级文物保护单位。

苔山寨城遗址

南山寨城遗址 位于茅埏岛南山顶（南滩村洪溪坑自然村）。原为明洪武二十八年（1395年）迁驻的蒲岐巡检司旧址。明《永乐乐清县志》记载：“洪武二十八年，倭寇犯茅岘，遂迁蒲岐巡检司于其地，后又徙还亭头。”清顺治年间（1644～1661年），南明陈文达将军据此筑南山寨城，与阮骎驻守的苔山寨城隔海相望，成犄角之势。寨城依山砌筑，城垣曲折，周长280多米，南、北各开一座城门。顺治十八年（1661年），朝廷下令“撤边海三十里民居而空其地”，南山寨城随之废弃。后岛上居民拆除城石建志静堂和民房，仅西面尚有部分残留。城内地势平坦，占地5000多平方米，后为杨梅林。

南山寨城遗址

玉环厅城遗址 位于玉城街道。玉环厅城始建于清雍正八年（1730年），十年竣工，北枕中青山，倚南坡山势而筑，形似悬挂在菩萨颈上的佛珠，故称朝珠城。城墙高、宽均为2.4丈，均以大块条石叠砌，周长961.55丈。城垛675个，门楼4座（东靖海门，西永清门，南镇远门，北宁涛门），水门1座，炮台4座，盘诘厅3处，东西月城长38.9丈。东至西城墙内外有护城河，接天开河。整座城池布局宏敞，高大坚固，雄伟壮观，气势巍峨。民国32年（1943年），拆部分城墙条石建造县政府办公楼。解放后，所余城墙相继被拆除，城石用于铺砌城内外老街路面及建造公房，或散落民间。尚留北门山和东门城脚遗址、环山小学前一段护城河。

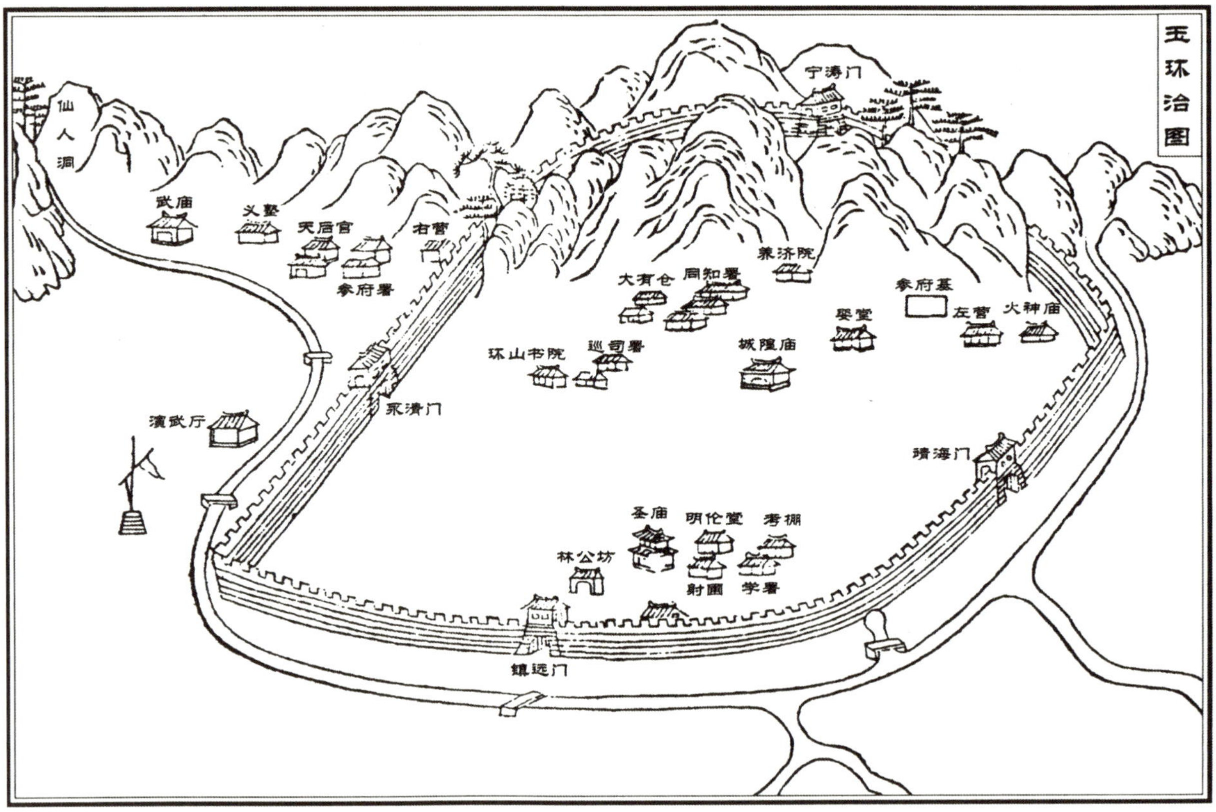

【古文选载】

玉环城记

清·张坦熊

玉环四面滨海，形势孤悬。仰荷国家威德遐暨，展复招徕。宫保制府李公以其地为温台之门户，高其城垣以资屏障。其制高二丈四尺，阔二丈四尺，尽用石条叠砌，费亦钜矣。盖国家营建，惟欲工程之垂久，不计度支之殷繁。况玉环新复之地，扼要据冲，则城郭沟池，尤我皇上之所孜孜加意者。惟制府李公仰承德意，于环城规式既经指画，而凡有所需亦有请即发，未尝少稽留焉。独是规制既大，石必取之他所，而玉环居深山大海之中，东涂西岭，不无苦于运辇之艰。维时节届秋初，雷雨时行，于塘垟、后坟之间冲成河道，于是运土辇石人乐便易。工始于八年之秋，至十年三月而城已告竣。周围长九百六十一丈五尺五寸，城垛六百七十五个，开四门：东曰靖海，西曰永清，南曰镇远，北曰宁涛。其名皆制府之所定，余因凿石以颜于城门之上。夫当开创之始，事钜工烦，非我皇上至德深仁，上动天鉴，亦安望际版筑之期，获神灵之助，辟河载石，成功若斯之易易哉。迄今凭高四望，则烟火万家，既足以征民人之安辑；垣墉百雉，尤足以表形胜之轩翔。其屹然巍然驾青山而临沧海者，岂独为温台之屏蔽哉，抑将为全浙之藩篱矣！坦熊于兹快逢国家开疆复土，而筑城伊始，山海即为效灵。又承制府李公公忠体国，指授精详，敢不恪恭厥职，与文武各僚属保境安民，俾此城永为金汤之固哉。尤望后之官斯城者，同寅和衷，各体制府所以命名之意而为保障，无为茧丝，长使烽烟不作，波涛胥静，则虽海外孤城，竟为万年磐石之基可也。是为记。

【民间故事】

张坦熊造玉环城

张坦熊在玉环建造厅城，史书虽有记载，但民间却另有传说。

清雍正五年（1727年），太平县（今温岭市）知县张坦熊奉命兼理玉环垦务。雍正八年（1730年）秋，张坦熊筑城凿池。厅城城址原勘定在陡门头、渔岙、三合潭、东岙里这一周匝的小平原上，由于这一带围涂不久，土质松软，不宜筑城，因此屡筑屡陷，始终筑不起来。正当张坦熊为此犯难时，西青山上走下一位鹤发童颜的老人，拄着拐杖，步履蹒跚，来到厅衙面见张坦熊。他说："你要筑城不难，只要听我一句话，保你筑牢。"张坦熊洗耳恭听。那老人说："你背后那座山叫彭祖山，你把城筑在彭祖的项背上，形似一串拜佛珠挂在彭祖的身上，雷打不动，此城可固。"老人还指点张坦熊，筑城石料不必远求，厅城向南走里许有一石仓，开山后便有大批石料可资应用。张坦熊从其言，派人查看，果然如此。张坦熊听从老人的话，枕山筑城，城墙果然筑得牢牢的。

玉环厅城筑成以后，张坦熊亲自到西青山找老人面谢，却找不到老人，只见山上有一石洞，洞内有石床、石桌、石凳等。当地人说老人是仙人，早已飞升而去。从此，西青山仙人洞名声远播，同时也就有了打石仓、珠城等地名。

东门玉环厅城遗址

第三节 学宫 书院

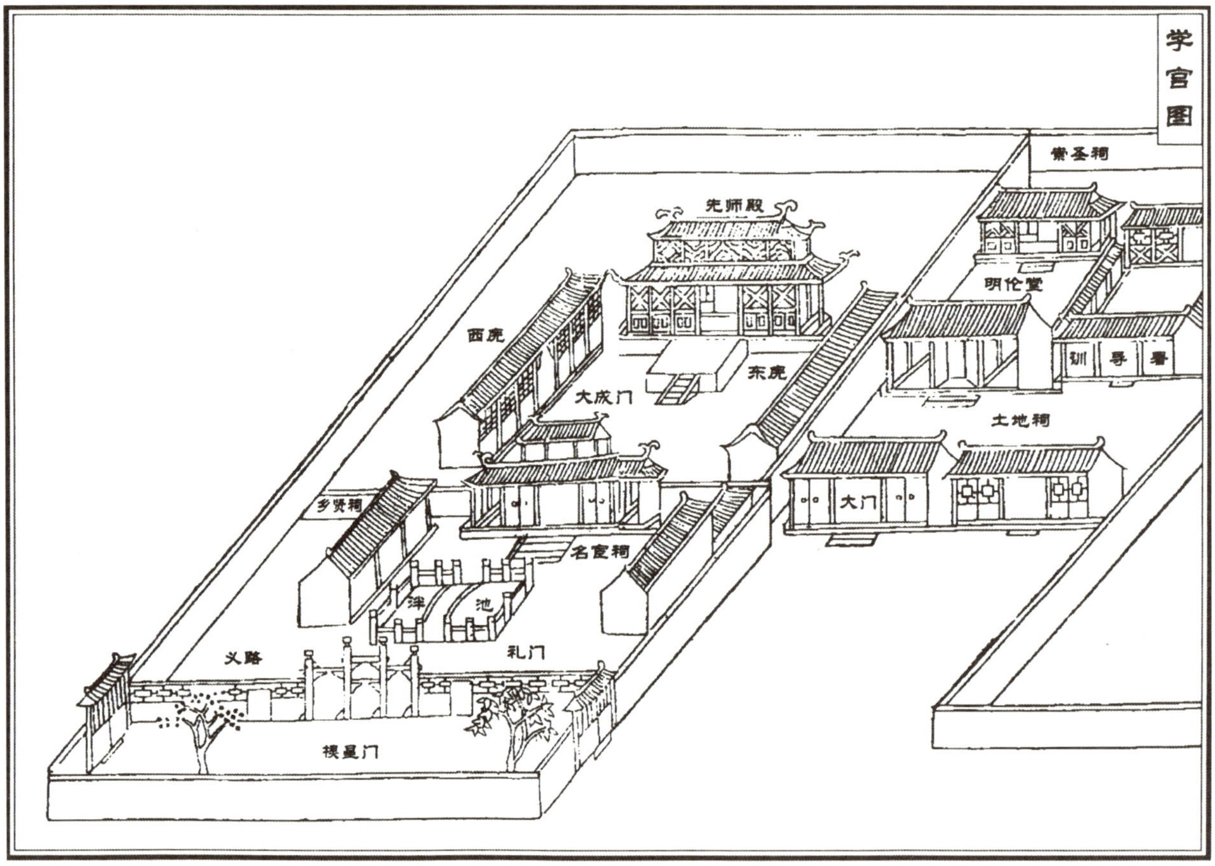

玉环厅学宫遗址 位于玉城街道（今县公安局大院和环山小学内）。玉环厅学宫始建于清嘉庆八年（1803年）。道光二十二年（1842年）扩建考院。整体结构由考院、明伦堂和孔庙三部分组成。光绪三十一年（1905年）废科举，厅学遂废。民国时期，部分建筑作为办学场所（后为环山小学）。民国18年（1929年），在孔庙设县民众教育馆。民国33年（1944年），玉环简易师范学校迁入孔庙，至1950年停办。1960年前后，学宫建筑渐废，改建为县公安局和环山小学，仅存孔庙泮池状元桥（今县公安局大院内）。状元桥为石梁桥，南北横跨泮池中间，桥面呈弧形，全长7.24米，宽1.98米，桥底有4根方形石柱承托桥面。泮池呈长方形，长14.42米，宽6米，全部以块石错缝垒砌。池四周均置石栏，栏板纹饰不一，大部素面或仅有界框。望柱30根，柱头雕饰小狮或莲花（“文化大革命”期间被破坏）。整体建筑占地面积103平方米。1986年3月被公布为县级文物保护单位。

状元桥

玉环书院始于宋代，盛于清代，由私人或官府创办，办学经费主要由士绅富户捐赠或倡捐集资，亦有由同知捐俸或官府拨给税款以充经费。玉环书院有文武之别。文书院分为两大类：一类以博习经史词章和考课为主；一类为传授浅近诗文旁及儒学经史，论实质与私塾无多大差异。武书院有镇筠堂武书院。

皆山书院旧址 址竹冈东山里，为南宋戴明告老还乡后创办，开玉环教化先风，至清代废止。书院面西，两层石木结构，背面为古戏台，戏台面对武圣殿（俗称关帝庙），中间隔着约120平方米的天井，南、北两边为乱石砌筑的围墙，墙体长满苔藓，墙头爬满青藤。

皆山书院旧址

【史料辑录】

玉环书院选介

丰山书院 址福山上青塘，清雍正三年（1725年）黄姓所建，初名平山书院。嘉庆十一年（1806年）改名丰山书院，俗称上青塘书院。

环山书院 址厅治西南，原为雍正六年（1728年）创设的义学，乾隆四年（1739年）改建环山书院，嘉庆元年（1796年）因飓风倾圮。道光二十二年（1842年）于厅治东建考棚。光绪六年（1880年），环山书院迁入考棚，一院两用：县试为考院，平时为书院。光绪二十八年（1902年）改为环山中西学堂。

学海书院 址脉屿（今小麦屿）东岭山麓，建于乾隆四十三年（1778年）。

玉海书院 址楚门西青山，原名天香书院（一作种天香书院），建于嘉庆十九年（1814年）。光绪四年（1878年）改名玉海书院，光绪二十八年（1902年）改为玉海中西学堂。

环海书院 址坎门教场头后沙郭家，光绪二十四年（1898年）创办。光绪二十八年（1902年）迁鹰捕岙永庆堂，改为环海中西学堂。

镇筠堂武书院 址楚门筠岗，光绪二十五年（1899年）创办，后迁镇筠堂。

玉环进士、举人名录

进士（13人）

北宋　林良旻，出生地蓝田，英宗治平二年（1065年）乙巳科榜眼，官至秘书给事黄门侍郎。

倪　涛，出生地永嘉，大观三年（1109年）己丑科进士，官至左司郎中。南宋绍兴五年（1135年）避居玉环。

南宋　戴　明，出生地竹冈，淳熙二年（1175年）乙未科进士，官至户部侍郎。

樊汝舟，出生地芳杜，宝佑四年（1256年）丙辰科进士，未官而卒。

陈绍南，出生地竹冈，宝佑四年（1256年）丙辰科进士，未官而卒。

元　徐尹绅，元末避居芦岙上金，官至福建建宁路总管。

明　陈　钝，出生地竹冈，正统元年（1436年）丙辰科进士，官至吏部文选司郎中。

冯　银，出生地田岙，天顺元年（1457年）丁丑科进士，官居刑部员外郎。

赵元宽，出生地田岙，成化七年（1471年）辛卯科进士，官至督学使者。

冯　沉，出生地田岙，成化八年（1472年）壬辰科进士。

陈　璋，出生地竹冈，弘治十八年（1505年）乙丑科进士，官至大理寺卿、刑部左侍郎。

清　冯　苏，出生地田岙，顺治十五年（1658年）戊戌科进士，历任云南永昌府推官、楚雄府知府、检察院都御史。

林　芳，出生地楚门北门，嘉庆十九年（1814年）甲戌科进士，历任湖北武昌知县、山西洪洞知县、石楼知县。

举人（11人）

明　戴元赞，出生地竹冈，洪武二十六年（1393年）癸酉科举人，官至山东长山知县。

彭　俊，出生地竹冈，成化元年（1465年）乙酉科举人，官至大名府同知。

彭　昭，出生地竹冈，成化元年（1465年）乙酉科举人，官至仙游知县。

张　甫，出生地桐林，成化四年（1468年）戊子科举人，未官卒于京。

陈　辅，出生地竹冈，成化十六年（1480年）庚子科举人，官至安溪教谕。

张克用，出生地桐林，成化十六年（1480年）庚子科举人，官至河南德州学正。

冯良亨，出生地田岙，嘉靖八年（1529年）戊午科举人。

冯应麒，出生地田岙，嘉靖三十一年（1552年）壬子科举人。

冯宁候，出生地田岙，嘉靖三十七年（1558年）戊午科举人。

冯学易，出生地田岙，隆庆元年（1567年）丁卯科举人。

清　蒋乙藜，出生地厅城，光绪五年（1879年）己卯科举人。

武举人（14人）

清　冯邦训，出生地田岙，乾隆十二年（1747年）丁卯科武举人。

黄宗海，出生地上青塘，乾隆二十一年（1756年）丙子科武举人，官至温州府守平阳都司。

冯邦诰，出生地田岙，乾隆二十五年（1760年）庚寅恩科武举人。

冯异三，出生地田岙，乾隆二十五年（1760年）庚寅恩科武举人。

冯　魁，出生地田岙，乾隆二十五年（1760年）庚寅恩科武举人。

冯大奎，出生地田岙，乾隆三十六年（1771年）辛卯科武举人。

王清泰，出生地密莺，嘉庆五年（1800年）庚申科武举人。

徐天衢，出生地楚门，嘉庆二十一年（1816年）丙子科武举人。

吴步光，出生地乌岩，嘉庆二十四年（1819年）己卯科武举人。

吴邦海，出生地芦岙，道光八年（1828年）戊子科武举人，官至处州守备。

耿灿东，出生地筠岗，光绪元年（1875年）乙亥科武举人，光绪十六年（1890年）由中丞题加五品顶戴补团千总，后授予武德骑尉职衔。

陈飞鹏，出生地北塘，光绪二年（1876年）丙子科武举人。

陈寿宽，出生地陈岙，光绪十七年（1891年）辛卯科武举人，官至直隶州知州。

吕　鹏，出生地塘墩，中武举人时间不详。

第四节 老 街

玉城老街

玉城老街 清雍正六年（1728年）玉环建厅设治后，厅治前形成东自靖海门西至永清门的街道，称黄旗大街（今东城路和西城路），长80米，宽3.5米。出西城门延伸至西青岭脚称西青街，出西城门向南延伸称茶堂街。街道两旁房屋建筑多为石木结构平房或二层挑檐楼房，高低不一，错落有致。随着商贸活动日益兴旺，各街道自然形成不同功能的商业区。西门城内开设菜馆、理发店、照相馆、裁缝铺等；西青街经营百货、布匹、日杂、国药、烟酒、粮油、染料、禽蛋等；茶堂街以经营南北货、香纸蜡烛为主。1964年开始，老街频繁拆迁，但尚见部分古老斑驳的飞檐翘角和木格花窗。

【古诗选载】

巡 夜

清·徐 荣

茫茫大地几人醒，独上黄旗八角亭。
巷栅平分明月界，城山高拥北风屏。
入云戍柝寒惊雁，出树渔灯远混星。
我亦自能容宁越，不妨横舍更温经。

楚门老街

楚门老街 楚门古镇以十字街为中心向东南西北延伸，大小街巷横平竖直成井字形结构布局，七口水池呈七星状分布街区，与排水明沟相连，外排入河，布局合理，古风犹存。尤其是西大街从十字街口至人民路，全长250多米，宽约5米，街区建筑分布面积约4000平方米，基本保持清末至民国时期建筑。

【古诗选载】

楚　门

清·陆玉书

传说当年此筑城，模糊碑字认难清。
空遗雉堞埋荒草，剩有谯楼宿老兵。
百数人家茅瓦屋，一隅廛市蟹鱼棚。
小山最喜亭台敞，镇日犹闻诵读声。

中街鱼市

清·张英风

不问寅与巳，鱼鳞匝地摊。
冯驩如客此，剑铗不须弹。

第五节　古寺庙

葛玄画像

清虚宫　俗称下台堂，位于大雷山西支。清光绪《玉环厅志》记载："葛元丹室在大雷山。"葛元（164～244），即葛玄，生于琅琊（今属山东省），迁居丹阳郡句容茅山（今属江苏省），葛洪从祖，东汉至三国时期著名道士，灵宝派祖师，后人称其葛天师、太极仙翁。南朝道学家陶弘景（456～536）于梁天监年间（502～519年）携弟子周子良游大雷山。后周子良在大雷山清虚宫修道，居木榴屿炼丹布道。此处后山峻峭，前丘突起，左右高坡，中间落幽，山溪顺着西侧弯曲而泻，在右下方冲开一道缺口。缺口处筑有一坝，盆地前便有了一潭天河。有诗云："清风卷松涛，涛声阵阵；虚雨点茅波，波光鳞鳞；宫迹留幽居，居地遥遥；天河飘彩云，云朵重重。月照映寂静，静以致远；曲岭生险道，道通前锦；清虚出志士，士者有志；姑娘系彩裙，裙落水中。葛元筑丹炉，炉室至情；弘景住木榴，榴屿栖身；子良到大雷，雷山得道；名家尽逍遁，遁入玄门。"

清虚宫

灵山寺天王殿

灵山寺 位于楚门镇东西村灵山（又名凤凰山）南麓，始建于唐咸通年间（860～874年）。相传僧人启爽在凤凰山结庵诵经，闻山南惊涛拍岸似钟磬之声，意欲在此建寺，祈求龙王不使潮水涨没滩涂，果然灵验。懿宗得报，赐名“灵山寿圣寺”。后晋天福年间（936～944年），僧人筑堤围海成田，自食其力。宋神宗闻报，于熙宁元年（1068年）赐“灵山寿圣寺”匾额，并拨库银扩建。元至治二年（1322年），寺院毁于火灾。至顺元年至至正二十四年（1330～1364年），重建灵山寺，渐成规模。明代，灵山寺列玉环十大寺院之冠，是浙南有名的弘法道场。民国时期寺院常住僧众尚有40多人，“文化大革命”期间寺院遭严重破坏。1989年始重建，建有大雄宝殿、天王殿、藏经楼、三圣殿、地藏殿、念经堂、千佛楼及两边厢房阁楼等，占地面积7900平方米。

【古文选载】

重建灵山寿圣寺记

元·陈　高

温之乐清东南为巨海，有山曰玉环，在巨海中，岛屿萦纡，袤亘八九十里。山隈多平地，居其隈者凡数千家。有佛寺官八所，而灵山寿圣寺为之冠。其寺背负大峰，若展屏障，左右之峰隆起，翼两旁对峙，翔伏而回抱其前。处乎内者，视不见外，自外望之，隐莫知中有寺也，故地之胜为最。

寺始建于唐咸通间。初桑门爽公者，芟屏菑翳，结茅居崦西，日课《妙法连华经》，朝夕鸣钟磬，声殷岩谷。里人异焉，迹声所殷地，创兰若迎爽居之。闻于朝，朝廷以爽能宣布灵山会上大乘之典，故赐今额。其徒曰诚公，曰竟公，堤海为田，众由是乃聚而处业用世，嗣以甲乙传次主之。更唐及宋以迄于今，或盛或微，若巨公之匡复，真公之振发，皆有功于寺者也。至治壬戌毁于灾，金碧之区，悉化灰烬。僧一濂、惠宜咨询其众曰：“事不为无成，成不成在为之力与不力耳。吾属勉夫力之所至，而相继以复旧规，奚患无成哉?”佥以为然。而善来者，遂以营构为己任。铢累其衣钵之赀，得千七百余缗，倡立佛殿及严像设。又鬻地百五十亩有奇，为寺之经用。至顺庚午，一濂成三门两庑。元统癸酉，惠宜、善来成大殿。演法之堂及观音大士殿，则一淮成于至正乙未。藏经之室，则可兴成于至正庚子。而多宝法藏，乃申辰岁明释所成也。若智康、一沂、德昌、寿贤、惠超，或赞之资，或翊之力，以竟厥事。钟楼、僧庐、庖湢众屋次第完美。室庭雄敞，甍宇绵联，丹雘炫耀，辉映林壑，旧规复还而加壮丽。昕镛昏鼓，法音梵呗，寒暑勿替，隐若大方，殊胜丛林。

呜呼！近年以来，像教陵夷，加以南北用兵，江东西、浙、闽招提巨刹墮十九，兴者百无一二焉，而兹寺乃能恢廓坠绪，非独其寺之斗绝幽敻，尘坌所隔，盖亦有人以维持之也。向非得人以相承继，孰能兢惕负荷而究心以图永久哉！虽然，得人以兴，不得人以废，天下之事莫不皆然。后之继今者，顾前人经画之艰勤，益思增广而弘大之，则庶乎愈久愈盛。而凡其徒之逸居于是、安食于是，亦勤修梵行究竟，夫灭寂无生之学，以毋忝尔大雄氏之教乎？明释清记颠末以正来者，故为之书。寺僧思宁、来奉、正宗、惠然、永亭、祖璘、文琛、如岳皆将以次嗣主，是寺尚得绍续厥志云。

【古诗选载】

灵 山 寺

清·戴东谷

灵山钟佛国，僧寡胜天台。
七塔当门立，三桥带水开。
黄梅随意熟，紫竹几时栽？
运会应恢复，师携锡杖来。

福生寺大雄宝殿

福生寺　又名福生院，位于大麦屿街道福杨村，始建于后晋天福三年（938年）。北宋治平元年（1064年），英宗赐额。民间传闻，朱元璋出家为僧时，曾游历福生院。明洪武年间（1368～1398年），因倭寇侵扰，福生院毁于兵燹。清光绪五年（1879年）重建。“文化大革命”期间又遭破坏。1982年再次重建，1998年扩建，建有大殿、禅房、斋堂、法堂等殿堂楼阁30多间。

【民间故事】

朱元璋扫地叫佛走

高明寿口述　徐春湘记录整理

朱元璋原来是个乞丐，后来当了明朝皇帝，本地百姓传说那是应了福山寺住持所讲的话。

有一天，朱元璋双腿都走酸了，从早到晚，讨了好多人家，才喝了半碗番薯汤，饿得头昏眼花，裤带勒紧了好几次还是往下掉。他从苦竹岙经过五洞桥，再爬上一条山岭，发现前面有座金碧辉煌的寺院，僧众有二三百人。

朱元璋跪在寺院门前的台阶上，苦苦乞求住持收留他。小和尚手持木棒出来一看，见是一个衣衫褴褛、满头流脓出水、腥臭熏天的乞丐，将木棒一敲，凶狠狠地大吼："你给我快滚！"

朱元璋听后忍住气，跪在地上一动不动。小和尚见他还不走，火冒三丈，手持木棒上前就打。朱元璋一动不动，小和尚却被弹出好远，连喊："哎哟！哎哟……"

站在远处的住持看得一清二楚，见朱元璋容貌虽丑，却是功夫过人，想留下做个帮手，就同意朱元璋入寺。

朱元璋在福山寺初当和尚，专干杂活，最烦的就是扫寺院。一天，当他扫到正殿时，边扫边唠叨："阿弥陀佛，你听着，我朱元璋扫地大如皇帝，你给我到门外站着，这地我才好扫！"说也奇怪，那石雕的阿弥陀佛果然站起来一摇一摆地走到寺院门口站着。

朱元璋把正殿的阿弥陀佛位置打扫干净以后，又对两旁的十八罗汉说："罗汉呀罗汉，佛祖早已不在大殿，你也快到门外站着！"那十八个罗汉听朱元璋的话，一一站在门外一动不动。朱元璋很快把左右廊殿扫干净了，正要开口叫四大金刚走到门外时，突然听到："是谁这么大胆放肆，把佛像请到外面晒太阳？阿弥陀佛！"

朱元璋出来一看，见住持双手合十，生气地责问站在一旁看佛像的众和尚。"住持息怒，是我怕地扫不干净，叫佛祖到门外，等地扫干净，再叫佛祖走回原位。这都怪我不是，请住持宽饶。"朱元璋怕住持责骂，赶紧放下扫帚跪下，边说边磕响头。

"朱元璋，你真有这般本领，当场能叫佛祖走回原位，我就饶了你。"住持不相信他这么一说。"阿弥陀佛，我地已扫干净，请走回原位。"朱元璋听了住持的话，忙站起来说。那阿弥陀佛一摇二摆走回坐在原位上。十八罗汉也排着一字队，"噔噔"有声回到原位。

"扑通"一声，住持跪在朱元璋的面前边磕头边说："朱元璋，你真是皇帝圣旨口呀，我有眼不识天子……"

知空寺　位于玉城街道沙岙峦岩山，始建于北宋咸平元年(998年)。相传为普陀山普济寺崇明法师到玉环化缘，见峦岩山岩石奇趣而不返，在山上结庐建寺。清连国宾《知空寺》诗云："幻成泡影梦中身，莫问荣枯世上人；参破蒲团空色相，镜花水月总非真。"民国江梅春亦有《知空寺》诗云："空即色兮色即空，白莲紫竹影西东。娑婆放出三千界，尽入光明五蕴中。"原寺毁于"文化大革命"，至1979年重建。知空寺依山势自下而上建山门和前、中、后三殿。山门高耸于石崖上，两座石狮雄踞两侧；前殿圆通宝殿为歇山重檐楼阁式建筑，谨严规整，古朴宏丽，依崖壁立观音菩萨、大势至菩萨、大海众菩萨；中殿为大雄宝殿，供奉释迦牟尼佛、药师如来佛、阿弥陀佛；后殿为观音阁，供奉观世音菩萨及观音"十二大愿"。

济理寺内院

济理寺 位于楚门镇筠岗山。原寺始建于北宋大中祥符元年(1008年)，亦称祭礼堂、济蓌堂、济理堂，因其庭前两棵桂树芬芳四溢又名木樨香处堂，占地面积2000多平方米，建有大雄宝殿、观音殿、天王殿、大悲楼、客堂、寮舍30多间。1958年建济理堂水库时，寺院及部分胜迹被淹没。隔山牛角坑的永福堂始建于清同治元年（1862年），“文化大革命”期间遭严重破坏。1983年寺院房产归还后，将永福堂改名为济理寺。1994年始改扩建，渐成规模，建有大雄宝殿、西方殿、地藏殿、药师殿、观音殿、天王殿、斋堂、寮舍等殿堂楼阁，占地面积8000多平方米。

知空寺全景

天宁寺外景

天宁寺 位于玉城街道后湾雉鸡山南坡，始建于明洪武元年（1368年）。初建时只有5间草堂，名雉鸡堂。民间传闻，明建文帝曾避难藏身于此寺，圣人托梦“瑞雪飘，腊梅笑，见一河塘荷花盛开，逢凶化吉”。后将寺名改为天宁寺。该寺原为玉环岛上规模较大的寺院之一。“文化大革命”期间遭严重破坏。1982年始筹资重建，坐北朝南，建有大雄宝殿、西方三圣殿、天王殿、药师殿、地藏殿、念经堂、斋堂、客房、库房等及附属房36间，占地面积3450平方米。此处深谷三面环山藏青纳翠，殿宇依山就势古朴雅致。

白鹤观

白鹤观 又名白鹤仙师庙，位于大麦屿街道曾家村，始建于明万历十五年（1587年）。民间传说，清道光二十七年（1847年），逢干旱，同知徐荣见民众请愿求雨，笑之：“农民全是癫，老爷不是仙；青天求有雨，高山可开田。”谁料果真天降甘霖。徐荣因此赐额“霖雨苍生”，并刻碑记之。白鹤观主奉白鹤仙师、华山圣母、三官爷等，旁有观音阁，供奉观音菩萨，占地面积1600平方米，主殿5间3层。

龙潭寺大雄宝殿

龙潭寺 位于玉城街道三合潭龙潭坑，背靠凤凰山，面临龙潭湖，左邻狮子岩，右近金鸡洞。始建于明末清初，初名集贤庐，以佛、道、儒三教同源供奉六祖慧能大师、纯阳仙师和文昌帝君。清宣统三年（1911年）改名观音堂，主奉观世音菩萨。民国26年（1937年）始有居士常住，扩建殿堂。1953年厢房被拆，门庭冷落。1964年始逐步修复，后有僧人常住。“文化大革命”期间遭严重破坏。1978年始重建厢房，整修殿堂。1984年改名西方寺，主奉西方三圣，僧人居士渐增。1986年改名龙潭寺，建大雄宝殿，主奉释迦牟尼佛。2003年以后，经多次扩建，规模渐大，建有大雄宝殿、玉佛殿、地藏殿、西方三圣殿、伽蓝殿、药师殿、天王殿、大悲楼、藏经楼、念佛堂、斋堂、客堂、寮舍、库房等殿堂屋宇及停车场、放生池等，总占地面积8000多平方米。

月山寺 位于清港镇中赵村，坐北朝南，背靠乌云山，前有月山为屏。原有清顺治年间（1644～1661年）建造的观音堂，后圮。雍正三年（1725年），僧人“雷和尚”到此结庐趺坐，后建莲花寺。同治九年（1870年），寺院遭劫被焚。光绪十五年（1889年），在原址上建月山后堂。“文化大革命”期间被毁。1980年再次重建。1983年改名月山寺。后逐步扩建，渐成规模，建有大雄宝殿、西方殿、天王殿、钟楼、两边厢楼等殿堂屋宇，占地面积7000多平方米。寺院四周山峦起伏，重岩叠翠，沟壑纵横，溪流环绕。门前竹木葱郁，绿荫覆盖，石拱桥横跨溪涧。附近有麒麟岩、纱帽岩、猢狲洞和双人岩诸胜。有诗云：“雷公结庐四百年，月山显灵立宝殿。几度焚毁香不绝，佛门古朴簇叠翠。”

月山寺山门

钓艚天后妈祖宫

钓艚天后妈祖宫 位于坎门街道钓艚岙，依山面海，坐北朝南，占地面积400多平方米。钓艚一地原称坎门，为当海之门户，漕运之要冲，自明代即为闽浙渔船锚泊良港。清康熙年间（1662～1722年），崇武渔民初于蜘蛛山南麓搭小庙，称“娘妈宫”。雍正五年（1727年），玉环展复，从福建湄洲祖庙分灵，并在海口建庙，至雍正十年（1732年）竣工，并建戏台一座。南下北上江浙闽广渔商船只，毋论冬钓春捕、海产商运，经岙港者皆备香火祭祀。民国年间扩建殿宇，修缮戏台。1953年，庙宇被移作仓库用，民众藏神像于宅。至1978年，修葺栋檩，重立祷祀。2011年11月，中华妈祖文化交流协会吸收其为会员。2012年，山门、戏台扩建落成，更显雄敞。

【民间故事】

海神妈祖的传说

始祖原名林默，北宋建隆元年（960年）三月二十三日出生于福建莆田湄洲湾畔一个小渔村——贤良港。林姓是福建望族之一。妈祖父亲林愿（一说名惟悫），宋初官都巡检，母亲王氏，生一男六女。妈祖为家中小女。在她即将降生的那天傍晚，邻里乡亲见流星化为一道红光从西北天空射来，晶莹夺目，映得岛屿上岩石红光四射，父母察觉此婴非等闲之女，遂关怀备至，疼爱有加。因其出生至弥月间均不啼哭，故取名林默。

林默幼时聪明颖悟，胜于姐妹，8岁入塾师读书，勤学强记，且过目成诵。她年小志弘，不满封建婚姻，立志不嫁。自小钻研医道，妙手回春，教人防疫消灾。她性情和顺、热情，排难解纷，行善济世，均乐事为。28岁那年，在海上搭救遇险船只不幸被桅杆击中头部，落水身亡。后人缘以“人行善事，死后为神”，视她升天为神，专门到海上抢险助人去了。

此后，妈祖经常显灵，乡亲亦时常见她于山岩水洞之旁，或盘坐彩云雾霭之间，或朱衣飞翔海上，常示梦显圣，救人急难。嗣后，乡里之人便在湄峰建起祠庙，虔诚敬奉。后人将妈祖奉为海上女神，前来朝觐祭祀者络绎不绝。

兴福寺山门

兴福寺 位于玉城街道中青山之巅，原城北驿道经过寺前。兴福寺原名飞钟寺，相传清康熙六十年（1721年）十二月某日凌晨，流光溢彩，天门顿开，一只大钟从西往东飞来，乡民以为天公赐物降吉祥，就在大钟降落的地方建寺。整座寺院气势恢宏，建有大雄宝殿、观音阁、罗汉堂、钟鼓楼及客房24间，成为清代港南规模较大的名刹。民国28年（1939年），大钟被县政府移至北门山头用作防空报警。1958年大炼钢铁时，大钟熔于炼钢炉，寺院被占用，至1987年重建。寺院后山建有道光年间两位住持的坟墓。

兴福寺大雄宝殿

孔子庙大成殿

孔子庙 亦称文庙，原址在今县公安局大院和环山小学内，始建于清嘉庆八年（1803年），有棂星门、泮池状元桥、名宦祠、乡贤祠、大成门、先师殿及东西两庑等建筑。民国时期，部分建筑作为办学场所（后为环山小学）。民国18年（1929年）在文庙内设县民众教育馆，民国33年（1944年）玉环简易师范学校迁入文庙，至1950年停办。1960年前后，文庙被建为县公安局和环山小学，仅存泮池状元桥。1966年，县人将圣位迁至中青山南麓玄坛庙。2003年11月立孔子铜像，建杏坛。次年重建庙宇，改称孔子庙。2014年建成状元桥。

孔子庙状元桥

杏坛孔子铜像

孔子庙后山

圆觉寺外景

圆觉寺 位于坎门街道东昌北路（即钓艚岙东北角），临近后沙，依山傍海。原寺为建于清雍正八年（1730年）的智丰寺，位于钓艚后山坡，民国26年（1937年）毁于日军炮火。1994年着手在现址筹建圆觉寺，渐成规模，建有大雄宝殿、天王殿、观音殿、地藏殿、伽蓝殿、念佛堂、钟鼓楼、客堂楼、斋堂楼、厢房楼、寮舍、库房等殿堂屋宇98间及长廊、放生池等，占地面积7500平方米。

慈福寺外景

慈福寺 原名慈善堂，位于大麦屿街道大麦屿山北坡，依山临港，始建于清乾隆三十八年（1773年），原主奉观世音菩萨。1991年8月始建大雄宝殿，后陆续扩建，渐成规模，建有大雄宝殿、西方三圣殿、观音殿、玉佛殿、天王殿、大悲楼、藏经楼、念佛楼、念经堂、讲经说法堂、斋堂、客堂、寮舍、库房等殿堂屋宇和附属房130多间，占地面积8000多平方米。

楚门观音堂 位于楚门镇谷水村，北临谷水长湖，西依湖心公园。始建于清道光二十六年（1846年），咸丰二年（1852年）扩建庆福堂，咸丰六年（1856年）建广福堂，占地面积6600多平方米。解放初期有尼姑41人。“文化大革命”期间，殿堂被占用，只留少数尼姑。1980年始，除庆福堂被拆外，其余房产先后归还。1982年修葺普福堂大雄宝殿，恢复佛教活动。1992年始扩建殿堂和厢房楼阁，建有大雄宝殿、祖师殿、念经堂、斋堂、客堂、寮舍、库房及附属房26间。

楚门观音堂内院

大山头道院玉皇殿

大山头道院 位于龙溪镇渡头村与楚门镇龙王村交接的大山头（又称丫髻山）凤凰山背。始称吕祖庙（或吕祖殿），全真邱祖龙门派下第二十代弟子汪云峰（1857～1908）于清同治后期创建。整座道院依山就势，自上而下建有三清殿、玉皇殿、吕祖殿。大山头早年曾建有规模宏大的玉皇楼，后毁于兵燹。1992年建玉皇殿，主奉玉皇大帝，前有金童、玉女，两侧为雷声普化天尊和太乙救苦天尊。吕祖殿主奉纯阳真人吕洞宾，两侧为王重阳和邱长春祖师像。三清殿主奉玉清元始天尊像，两侧为上清灵宝天尊、太清道德天尊、梵天斗姥天尊、金容玉相天尊。

【古文选载】

游大山头吕祖殿记

民国·江梅春

环玉皆山也。其西北诸峰，林壑优美。望之高插霄汉而蔚然深秀者，大山头也。山之巅，一凸一凹，奇峰环抱，不假穿凿天然而成者，吕祖殿也。

殿北新建一殿，鸟革翚飞，珠帘画栋，益以壮吕祖殿之观瞻者，玉皇楼也。登楼四眺，千山万树，眼界一空。左大鹿，右漩门，潮声雄壮，山岳都惊。而东披山大洋也，水色天光，浩淼无际，银涛混混，孤鹤东来，云霞起自海曙，红日涌出扶桑，荡胸决眦，几有岳阳大观气象万千之概焉。

无何，游兴未已，日影渐移，未几鸣钟一下矣。乃舍殿历级而还，经羊肠，穿鸟道，九曲三湾。山行忘路远近，溪流有声，莺花万树，藤萝穿壁，古洞云封。老僧杖挂岩巅，棋盘对着谁仙，一路风景几有美不胜收之感焉。回望前面峰峦，滴翠飞红，宛若天半朱霞，忽起忽落。噫！境之奇欤，抑仙之灵耶？洵乎水不在深，有龙则灵；山不在高，有仙则名。

（转载自《江氏宗谱》卷之二）

众善寺

众善寺 位于玉城街道西青山西北坡半山腰，原西青驿道经过寺前，现临近西青岭隧道。始建于民国23年（1934年），次年建5间殿堂，奉观音菩萨，施茶水于过往行人。因寺为众人行善心修建，为行善于众，故名众善寺。民国36年（1947年）冬着手扩建，寺院占地面积增至650平方米，还有赠助山林2600多平方米、水田和山地3300多平方米。1958年，寺院山林和其余土地划归集体所有，僧人居士农禅并举。“文化大革命”期间，寺院遭严重破坏，大部分殿堂被拆，只留几间寮舍供僧人住宿。1978年着手修复3间佛殿。因受石矿开采影响，1999年秋开始，重建大雄宝殿，扩建楼阁厢房。2003年再次扩建殿堂屋宇，后渐成规模，占地面积7000平方米，建有大雄宝殿、天王殿、大悲楼、地藏殿、观音阁、念佛堂、斋堂、库房、客堂等殿堂楼阁及车库、停车场等。

第六节 故 居

戴明故居遗址 位于楚门镇东西村。故居大门前原树一对旗杆，四周用青石垒砌围墙，周长约530米，附近有古月湖和古井。

戴明故居遗址

毛止熙旧宅台门 位于龙溪镇山里村台门里，建于清代。毛止熙旧宅其余建筑均已拆除，仅存台门。台门为石木结构，面宽3.7米，进深5米，穿斗式梁架六檩构架，占地面积19平方米。台门脊部等处保留清代风格泥塑装饰，但墙面已用水泥砂浆改装。毛止熙（1904～1951），国民党玉环县政府最后一任县长，曾任国民革命军第三十二军第四路军司令部军法官、国民党玉环县第二区党部执委、浙江省温台外海护航总队上校副总队长、浙江省政府参议等职。1951年3月，因在上海参与军统特务活动，被上海市人民法院判处死刑。

毛止熙旧宅台门

第七节　古墓葬

倪涛像

倪涛墓　位于玉城街道渔岙村虎山南麓，始建于南宋绍兴十四年（1144年）八月。倪涛（1086～1144），原籍浙江永嘉，从小随父亲迁居安徽广德军营。北宋大观三年（1109年）进士，先后任庐陵尉、信阳军教授、国子监学正、秘书省校书郎、司勋员外郎、左司员外郎。政和元年（1111年）十一月授左司郎中。宣和六年（1124年），因力阻联金灭辽，被罢官贬职，还遭追杀（《宋史》传记误以为被杀）。几经辗转，于南宋绍兴五年（1135年）携家小定居玉环岛。绍兴十四年中秋亡故。生前著有《云阳集》和《玉溪集》。其子孙在玉环传承至第九代迁居乐清。墓坐北朝南，墓志铭刻有"倪氏太祖墓"和"大宋政和元年左司员涛公太妣刘孙林氏"字样。墓为乐清、玉环后裔于1984年重修、1999年续修的倪氏太祖六穴合葬墓。

倪涛墓

【史迹考证】

隐居玉环岛的北宋名臣倪涛

潘明贤

《宋史·列传·文苑》记载："倪涛，字巨济，广德军人。丱角能属文，博学强记。年十五，试太学第一，遂擢进士，调庐陵尉、信阳军教授。入为太学正，秘书省校书郎、著作佐郎，司勋、左司员外郎。朝廷议有事燕云，大臣争先决策，为固位计，皆心知不可，无敢一出口，涛独言其非。且曰：景德以来，辽守约不犯边，盟誓固在，不可渝也。天下久平，士不习战，军储又屈，毋轻议以诒后患。王黼怒曰：君敢沮军事邪！于是言者论其鼓唱撰造，贬监朝城县酒税，再徙茶陵船场，卒，年三十九。死之明年，金人犯阙，朝廷忆涛言，官其一子。有《云阳集》传于世。”《宋史》所载与其他志书记载和倪姓家谱说法有不同之处。

何方人氏

《宋史》记载为安徽广德人。《安徽宣城市历代名人》步《宋史》后尘：“倪涛，北宋广德人，官至左司员外郎，清廉正直，名载《宋史》。”

明嘉靖《浙江通志·选举》记载：“大观三年己丑贾安宅榜：倪涛，永嘉人，左司郎中。”

清康熙厉鹗《宋诗纪事》记载：“倪涛，字巨济，永嘉人，大观三年进士，随官徙居广德军。历左司员外郎，贬监朝城县酒税。有《玉溪集》。”

清乾隆《温州府志·选举》记载：“大观己丑贾安宅榜载：许邦，平阳人，朝请大夫；倪涛，永嘉人，左司郎中。”

《乐清长林倪氏宗谱》记载：“倪涛，字巨济，浙江永嘉人，祖籍婺州，系君型公之次子。大观己丑贾安宅榜进士，至宣和乙巳，涛公挂冠归田，遁迹海滨，地临钓岩狮子之南，凤层岐山之北，有木数里成林，遂名长林，涛改名字澹庵，号波澄，公为长林倪氏大宗之始祖也，配李氏封夫人，生子三，长流藩，次流菽，三流蕙。终年三十九岁，葬佳城永嘉诸浦君芝峰（即永嘉西山云雾芝峰下）。”

应该认定：倪涛原籍浙江永嘉，随父迁居安徽广德军营。

官至何位

《宋史》、《宋诗纪事》将其定位于“左司员外郎”，而明嘉靖《浙江通志·选举》、清乾隆《温州府志·选举》将其定位于“左司郎中”，前者正七品，后者从六品，差一个级别。

《乐清长林倪氏宗谱·宋绍兴癸丑岁序》记载，涛公生前曾托同榜进士平阳人许邦大夫为倪谱作序，现将邦撰序摘要于下：“邦世居瓯土，年翁倪君自乃祖德斋公始家于瓯越数传。有澹庵公，讳涛，字巨济，号波澄，与邦同登大观己丑榜。而澹庵公独有直名，声振仕宦间，历任左司郎中，典文衡三次，亦可谓荣矣。复挂冠归田，而遁迹于乐之长林，余常往之游。一日出所作家谱一帙，问序于余。曰：我与君年通家也，矧兹编为君先世行实之所托哉，请谨无愧于先人，而爰笔之谱命余。他不敢赘乃独于德而景仰之，敢再于德叮咛之。君能继绍前徽，珍重谱牒，为后世虑深且远、周且详也。则君之德不更足嘉美乎哉！宋绍兴癸丑黄钟月谷旦，赐进士出身朝请大夫年家眷弟始阳许邦经国甫拜撰。”

更有倪姓后人收藏的《诰敕》为凭：“奉天承运，皇帝制曰：亲民之政非按部者莫能详，赐命之荣或考绩者所不与。故法有定制，而恩有特施，凡沾旌异之名，必在褒嘉之列。尔倪涛刚明有守，耿介无私，抱果决之良才，蕴贞忠之硕德。兹特晋尔左司郎中，赐之诰命。治下者先于护上，已征名绩之良善，始者贵乎保终，庶竭猷为之益。训辞具在，尚克只承。钦哉！敕命。大宋政和元年十一月初一日。”

应该认定：倪涛官至左司郎中。

生卒何年

倪涛出生于北宋元佑元年（1086年）。对此，倪涛后人和各方介绍意见基本一致。争论最大的是倪涛卒于何年，各家说法不一。

正式出版发行的书籍均步《宋史》后尘，比如南宋陈振孙所撰《直斋书录解题》："《玉溪》二十二卷，左司员外郎永嘉倪涛巨济撰，其父始徙居广德。涛大观三年进士，燕山之役诵言其非，以沮军罢谪衡州茶陵，死年三十九。吕居仁志其墓，曾吉父为作集序。"这里的吕居仁祖籍江西，出生于北宋元丰七年（1084年），进士出身，是倪涛的密友，比倪涛大2岁。

《乐清长林倪氏宗谱》也都认为倪涛已于宣和七年（1125年）惨遭毒手，只度过39个春秋。长林倪氏后人认定永嘉西山云雾芝峰下的倪涛墓为倪涛的最后归宿。

而乐清虹川和巨渡两地倪氏后人持不同看法，坚信"倪涛公于绍兴乙卯年遁迹于乐之玉环倪山之麓，后至绍兴甲子年忽焉逝世"。南宋绍兴乙卯年即绍兴五年（1135年），绍兴甲子年即绍兴十四年（1144年）。于是，他们按照家谱记载，在玉环倪岙（今玉城街道渔岙村）虎山和狮山的杂草丛中找到了倪氏十六至二十三世两处成片的太祖墓。

长林倪氏后人倪祥平主编的《倪氏源流》有《倪涛传记》，大概意思是：倪涛再徙衡州茶陵船场后，知道王黼已起杀心，于宋宣和六年（1124年）冬挂冠归田，回归浙江永嘉老家。除夕之夜，倪涛与兄弟倪源、倪澜、倪溪商定，初二深夜携家小离开老家遁迹林泉。倪涛在兄弟们的陪护下，找到乐清长林这个众人一致认为适合隐居的理想之所。兄弟们告别时，再三叮咛尽量不要走出林外，更不要与他人交往，粮食与用具会及时送来。可谓小心极至。不久，倪涛的眷弟许邦也因为受倪涛燕云事件的牵连，挂冠归田，回到了平阳老家。此时，倪涛的兄弟们也怕受牵连分散居住，倪源迁居永嘉郭溪，倪澜迁居永嘉瓯浦，唯小弟倪溪留在积谷山下守住老宅。许邦在倪溪的引领下才找到倪涛，两人见面自然是悄悄而来悄悄而去。

王黼得知倪涛已逃，立即派党羽直追至浙江永嘉倪涛老家，却不见倪涛踪影。王黼第二次派党羽下江南，知会永嘉党羽作引导，经过暗访得知倪涛遁迹乐清长林，于宣和七年（1125年）冬，将倪涛杀害于家中——显然没有赶尽杀绝，因为还有次子流菽受封章州司法的下文。

倪涛后事由眷弟许邦操持，倪源同几位兄弟商议将倪涛坟墓安在永嘉诸浦君芝峰下。倪涛仙逝后的灵柩停放房后三载再入土。三年的禫礼之期，平阳许邦会同早年同僚好友前来吊唁，由吕居仁撰写倪涛佳城碑记，名画家曾吉甫为作集序。

靖康元年（1126年）正月，金兵又一次攻克宋朝二州，直抵黄河北岸。宋钦宗想起倪涛为燕云十六州而招灾，目下朝中良臣甚缺，即行诏书，差李刚手下快马直抵浙江永嘉召回倪涛。差官回来报说：倪涛已于宣和七年冬被害。宋钦宗知道倪涛为官清正，念及燕云事件，授倪涛次子流菽章州司法。

乐清虹川和巨渡两地倪氏后人认为：倪涛聪颖过人，敢作敢当，对他来说，个人生死早已置之度外，要紧的是不让全家老小无辜受到牵连，确保他们安全度过劫难。避居乐清长林一段时间后，获悉王黼果真派党羽直逼浙江永嘉老家，倪涛料定凶多吉少，与许邦商量，采取金蝉脱壳之计。一边让家人传言倪涛已被杀害，大张旗鼓地在永嘉老家办理后事；一边带上家小踏上继续逃亡的道路，当年乐清境内有众多人迹罕至的海岛，是隐居避难的极好去处。王黼第二次派党羽下江南追杀倪涛，还是没有结果。杀手不好交差，便以倪涛已经被杀上报。待宋钦宗继位，念及燕云事件倪涛的谏言，知道倪涛为人忠直，派人四处寻访无果，便以死报备。靖康二年（1127年）四月，金军攻破东京（今河南开封），掳徽、钦二帝和后妃、宗室、贵卿等数千人后北撤，东京城中公私积蓄洗劫一空，整个天下乱成一团。虽然高宗南渡在临安建立了小朝廷，但江北的金军依然虎视眈眈，南宋天下随时都有倾覆的危险。倪涛深感天下并不太平，几经辗转来到了玉环岛，在海隅山岙定居了下来，此地因此取名倪岙。传至第九代，因玉环岛被迁弃而移居他乡——仔细分析乐清虹川和巨渡两地倪氏后人叙述，也在情理之中。

戴明墓　位于清港镇垟根村龙山北麓，始建于南宋绍熙二年(1191年)。戴明（？～1191），楚门竹冈（今楚门镇东西村）人，淳熙二年（1175年）进士，初任翰林检讨，累官至工部侍郎。淳熙十五年（1188年）任户部侍郎。任职期间以刚正不阿、不随流俗闻名于朝，与朱熹交谊深厚。绍熙二年病故，被光宗追封为户部尚书、太子少师，并谥“忠肃”。墓坐南朝北，建筑面积200多平方米，为玉环戴氏后裔于2012年8月重修，墓碑上镌刻“大宋太子少师户部尚书戴明偕夫人鲍氏之墓”和戴明生平简介。

戴明像

戴明墓

胡瞻塘墓　位于龙溪镇渡头村官井头，建于明嘉靖年间(1522～1566年)。嘉靖四十年（1561年）春，倭寇大举进犯台州，戚继光率领“戚家军”九战九捷，史称台州大捷。在漩门港外的抗倭战斗中，戚继光部将胡瞻塘将军奋勇杀敌，以身殉国。后遗体漂浮至渡头，被当地百姓收葬。《玉环厅志》记载：“明诰授武略大将军胡瞻塘墓，在密溪漩门内官井头。”墓已大部下沉，墓碑为明代原物，镌刻“皇明诰封武略将军瞻塘胡公墓”。1986年3月被公布为县级文物保护单位。

胡瞻塘墓

陈参像

陈参墓 位于楚门镇东西村金字山麓，建于明万历十九年(1591年)。陈参（生卒年不详），乐清县玉环乡竹冈（今玉环县楚门镇东西村）人，育有四子陈钝、陈恪、陈适、陈晋。景泰元年（1450年），代宗因陈钝任行人司右司副，赠陈参为征仕郎行人司右司副。景泰五年（1454年）又因陈钝任吏部稽勋清吏司郎中，赠陈参为奉政大夫吏部稽勋清吏司郎中。墓坐北朝南，建筑面积238平方米，2005年经过维修，基本保持原貌。墓上下共分5层，墓前最底层空地上有万历辛卯年由整石雕刻而成的石马、石羊各一对，造型古朴，形象生动。墓碑上镌刻“皇明赠奉政大夫吏部郎中竹轩陈公之墓　万历辛卯孙赠刑部侍郎穆颖州司训秉同建”字样。1981年7月被公布为县级文物保护单位。

陈参墓

林正阳像

林正阳墓 位于大麦屿街道福山桥头村，建于清咸丰九年(1859年)。林正阳（1800～1858），玉环西青街（今属玉城街道）人。清道光年间投军，曾代理定海营守备。道光二十一年（1841年）八月，英军大举进攻定海，林正阳随葛云飞及来援的处州总兵郑国鸿、安徽寿春总兵王锡朋率军奋勇还击，血战六昼夜，击退英军轮番进攻。因敌我兵力悬殊，三总兵壮烈殉国，林正阳身负重伤，定海再度沦陷。林正阳伤愈后随总兵赵宗凯收复定海。后历任黄岩镇标右营守备、标中营游击、玉环营参将、瑞安营副将、乍浦营副将。咸丰七年（1857年），升任黄岩镇标营总兵，封武显将军（正二品）。墓坐北朝南，用糯米、石灰、砂混合的三合土建筑，由墓室、墓坛、拜坛三部分组成，墓室2穴，系林正阳与元配夫人张氏合葬墓。墓左右各立一座石狮，并有形若石鼓的构造和纸库等。墓前拜坛边缘做出栏杆，墓区占地面积约40平方米。墓碑镌刻“咸丰己未肆月吉旦　清诰封武显将军昼堂林老大人夫人张老夫人之墓域　孝男嘉谦源诩　孙嗣发衡彷燧勋奉”字样。2004年，林家后裔对围墙、台门等进行重（扩）建，占地500平方米。1986年，林正阳墓被公布为县级文物保护单位。

林正阳墓

韩姬宗墓 位于龙溪镇山外张村张家山南坡半山腰，建于清光绪二十八年（1902年）。韩姬宗（1831～1902），龙岩山外张（今属龙溪镇）人。光绪元年（1875年）由浙江巡抚杨昌濬题保孝廉方正，经吏部考察签分江西候补知县。光绪四至七年（1878～1881年）分纂《玉环厅志》。光绪九至二十年（1883～1894年），历任赣州府总厘卡，淮盐总局督销，吉安分局及萍乡、泰和诸县盐务。光绪二十一年（1895年）代理兴安县（今江西省上饶市横峰县）知县。光绪二十三年（1897年）结束宦游江西生涯，偕侧室徐氏返乡途中，遇福建香客，分食其供佛后的福建文旦，将13粒种子带回家乡播种，成活3株，即玉环柚原始实生树。光绪二十八年亡故。韩姬宗墓为墓主与其夫人林氏、薛氏和李氏四穴合葬墓，坐北朝南，左二墓室上方竖刻有“崔嵬起甲科”的石碑。右二墓室为主墓室，墓碑上刻“韩公姬宗，字祖镐，同治癸酉岁贡，光绪登极，征孝廉方正，廷试以知县签江西，甄别老成练达，实堪补用。丙戌署理兴安县正堂。”

韩姬宗墓

戴礼墓遗址 位于楚门镇蒲田村平头山香山院西北百余米处，建于民国24年（1935年）。戴礼（1880～1935），乳名梅姿，楚门蒲田人。先后赴黄岩、北平求学，得名师指点，结交不少学者、名流。居北平时撰就《清代列女传》（又名《皇朝列女传》）、《女小学》、《女小学韵语》等书，递送学部及史馆。宣统三年（1911年）完成《大戴礼集注》13卷20余万字。辛亥革命后，与湖南郭立山（进士，曾任翰林院侍讲学士）结婚，后移居北平，生有一女。经姻亲马伯通推荐，进北京女子师范学校任教。婚变后回归老家蒲田不久，幼女夭折。在伤心穷愁之时，戴礼埋头著述，将与郭立山结合及遭遗弃情节著就小说《潇湘梦》。民国22年（1933年）完成《礼记通释》80卷110余万字，蒙师友协力，于民国24年（1935年）在北平出版。近代文学家陈衍在序言中赞道："富矣哉，自来闺阁所未有也。"可戴礼因乳癌复发，未及亲见《礼记通释》出版便病逝于故乡。其墓为单穴，坐北朝南，建筑占地面积15平方米，墓碑刻有"戴圣仪女史之寂居"。"文化大革命"期间，戴礼墓被视为"四旧"遭挖掘。

戴礼铜像

戴礼著作

抗战阵亡将士墓 位于玉城街道中青岭西溪山岗头，始建于民国26年（1937年）。墓坐南朝北，5穴，建筑占地面积约22.5平方米。原刻在墓室口上的阵亡将士姓名，因年久失修披灰剥落而失传。2002年4月至2003年11月，当地居民将坟墓修葺一新，整个墓地建筑占地面积60平方米，保护范围200平方米，建有石坊、墓、墓碑等。

抗战阵亡将士墓

第八节　驿　道

城北驿道深浦段

清代古道以玉环厅城为轴，北至楚门，南至坎门，西至西青马道，三条均属官道，亦称驿道。

城北驿道　出西城门经西青街、九子岙、东青、沙岙、后湾街、深浦道头下船过港，从渡头上岸至楚门，继续往北出清港、凡塘入温岭县界通往省城及其他周边地区，是玉环通往境外的主要陆路干道。途中须翻越东青岭（今称中青岭）、沙岙岭、后湾深浦岭三座高山，全长约30公里，宽1～1.5米不等，路面大部分乱石铺砌，部分路段有石板镶嵌中间。民间传闻，玉环与省城往返一趟“七上八落”（意为：7天上行，8天下行）。自1957年泽坎公路通车后，驿道渐废。东青村山边尚有200多米古道遗迹和几条山岭小径古道遗迹。

城北驿道东青段

城南驿道之陡门头街

城南驿道之塘垟路廊

城南驿道　出南城门经城南陡门头街、塘垟路廊、水孔口街、无人岙至坎门教场头，全长10公里，宽约2米，是玉环境内唯一的平地驿道。民国元年（1912年），县人江志松倾囊捐助并筹集大洋3300元，历时6年，建成中间石板、两旁卵石路面。后始有人力车通行往来。尚存陡门头街、塘垟路廊等古道遗迹。

西青驿道之石径

西青驿道之西青岭路廊

西青驿道 出西城门经西青街、西青岭、西青岙至西青马道下船，与乐清湾水路相接。其中约三分之一系山岭，其余为山脚路和塘堤路，全长5.5公里，宽约1.5米，乱石、卵石铺路。马道渡口设有营房、关边（税务）、官厅（驿站），6间房屋等分道路两旁。尚存西青岭路廊及部分山间小径古道遗迹。

第九节　古渡口

深浦渡遗址

深浦渡　亦作琛浦渡，位于芦浦镇道头村，水面宽850米，为玉环境内连接港南与港北的交通咽喉。行渡历史上溯至明永乐年间（1403～1424年）。清时辟为官渡，光绪十四年（1888年）由楚门人张钦祝、林万育捐资开置田产维持渡口交通。宣统元年（1909年），张钦祝、林万育等再集资兴办义渡，历时45年。玉环厅同知徐荣《楚门道中》诗云："琛浦云开远树晴，漩门船到午潮生。山经久别如相慰，路是重来倍有情。幽鸟藏花酣短梦，早农车水事春耕。不须更问薯丝价，操纵奇赢有定衡。"又《琛浦渡》诗云："黄门急，楚门漩，无事经年莫相见。大潮明送暗礁迎，只恃高帆与风战。山南海气昼昏昏，分水山前是楚门。东临潮来南海退，玉环风雨夜深闻。"又《琛浦》诗云："琛浦石屏开，山才渡水来。东南封禁地，今古勒铭才。天语慈祥极，民生熙皞哉。相期遵道路，海外有春台。"太平（今属安徽省）知府王咏霓《浦口观潮》诗云："分水山前日影低，漩门渡口鹧鸪啼。寒潮日夕两来去，莫道东流不复西。"1954年县人民政府接办深浦渡航运，1960年扩建成汽车轮渡。1977年10月漩门大坝通车后，深浦渡废弃。

西青渡遗址

候船处

西青渡 位于玉城街道外马道村，与乐清华锹（又作铧锹）渡相距约8海里，是玉环通往温州府及与境外交往、商贸的主要通道。清光绪《玉环厅志》载："西青渡，在西青马道，横江三十里过乐清铧锹起岸，设官渡船二只。嘉庆间，同知黄秉哲、张瑞云以船少人多，不敷航载，先后添置二船。同知宋如林谕绅董陈安邦、潘维翰等经理，核定章程，勒石埠头。道光间，飓风时作，以船身狭小，屡遭覆溺，复改四为二，以大易小，设编列循环字号，一日一渡，轮流往来。每月十一、廿六两日停渡。"清郭钟岳《西青渡》诗云："一角沧波数点山，翠螺新染镜中鬟。蒲帆送我华秋渡，回首烟云忆玉环。"清王钦瑞亦作《西青渡》诗云："华秋夜渡早潮开，却止鸡声莫浪催。记得临行慈母训，教看风静过江来。"民国期间直至解放后，随着航运发展，西青渡逐渐冷落，官渡船取消，但航道仍存。

第十节　古　桥

福山卷洞桥　位于福山桥头水尾宫外，处普青至玉环厅城的古道上，贯连福山爰哭岗和溪尾岭，建于明洪武年间（1368～1398年）。该桥为块石砌筑的双拱桥，东西走向，长12.6米，宽2.2米，桥拱高4.2米。东桥墩支柱高1.8米，防洪墩墙长9.1米，弧形。西桥墩支柱高2.1米，防洪墩墙长5.4米。中间桥墩长7.6米，宽处1.6米，墩支柱高2.4米。大孔跨长5.3米，小孔跨长2.3米。经历600多年山洪冲刷，依然如故。

福山卷洞桥

田岙溱桥　位于楚门镇田岙村上井头田岙路廊东北面，建于清嘉庆十二年（1807年）。《玉环厅志》记载："溱桥，在田岙路廊上……"该桥东西向横跨于田岙溪上，为五跨石梁桥，全长21.3米，桥面宽2.53米。河中筑4排桥柱，每排有截面呈正方形的石质立柱3根，立柱上置锁柱石，以承托桥面3排石梁以及嵌于梁间的两排石板。该桥侧面略呈弧形，桥北侧中跨石梁阴刻"大清嘉庆十二年造"字样。

田岙溱桥

玉升桥 位于清港镇，始建于清咸丰三年（1853年）。道光年间（1821～1850年），芳杜河流经清港从泗头出海，形成乐清湾向内陆延伸的可航水道，大船乘潮可以驶抵芳陡（清港上游），两岸居民靠渡船载渡，过往不便。相传，僧人玉升为造桥四处奔波十来年，捐得几千两银子，岂料被受托生息的财主一口吞蚀。玉升无颜面见施主，留遗书于小和尚，投清港自尽。小和尚继承师父遗志，继续为造桥远走四方，又度过无数个炎夏腊月。师徒二人的善举感动四乡八岙民众，有钱的出钱，有力的出力，终于建成六墩七孔大桥。为纪念老僧人，取名玉升桥。玉升桥长约70米，精选巨块青石为原料精琢细拼而成，桥墩间跨径10米的桥梁全部是大杉木制作，桥面所铺石板长宽统一，工程耗资仅次于玉环设治之初建筑城垣。玉升桥建成后，芳杜港埠下移至清港，福建大船常入港泊于桥畔收购薯丝。宣统二年（1910年），太平（今温岭）人到清港围塘造地，在外塘筑堤，在泗头建陡闸，玉升桥不再是港口埠头。民国25年（1936年）重修玉升桥时，以钢筋混凝土大梁替换大木梁，缩短到四墩五孔。1983年再次修建时，减至两墩三孔，由平板桥改为拱挢，石板桥面改作钢筋混凝土浇注，桥长32.2米，宽3.3米，镀锌钢管栏杆。第二年竣工，耗资2万多元。

玉升桥

【民间故事】

玉升桥的故事

黄昌琴口述　黄云鹤整理

和尚造桥

从前清港没有桥，一条碧水阻隔着两岸人们的来往，如遇有事，必得讨渡过岸。

一个严寒的傍晚，渡船里挤满了人，老大当作最后一渡，手提撑篙，点船离岸。忽然一个老和尚赶到，喊叫老大等等。老大当作没听见，管自撑船。老和尚一再请求老大渡他过河，老大就是不答应，还讥讽老和尚，只有造了西方桥，才来去方便。

从此，老和尚不见了，庙里只剩下一个小和尚撞钟、敲木鱼。

十年后，老和尚回来了，抄化得了几千两银子，准备在清港造桥。这笔大款存放在一财主手里。老和尚照素薄向他领回，财主反目不认账，一口吞蚀。老和尚无颜见施主，写了遗书给小和尚，投清港自尽了。

小和尚继承师父遗志，接过衣钵，穿上络麻鞋，手敲木鱼，远走四方，同样一心为造桥去抄化。

小和尚走山坳上山岭，涉溪水穿深林，不知踏破了多少双麻鞋，敲过了多少声木鱼，度过了多少遍三伏炎夏，熬过了多少回数九腊月。他的木鱼响到平阳，平阳的善家落素薄，响到瑞安，瑞安的财主捐木材。小和尚又回到本地抄化，小�岗的李善人乐助桥板。小和尚知道可以造桥了，便去请求乡亲们帮忙。众人听到，都很高兴。年老的出来做首事，力壮的出来搬木材、运石料。

造桥开始了，清港的水面上抛满了大杉木，两岸堆满了长石条。小和尚在工地上东奔西走，和工人们一起出力出汗。可是庙里的木鱼声日夜不断，大家都觉得很稀奇！

清港随海潮，涨了退，退了涨，8个大桥墩终于透出水面，中流砥柱。大杉木做桥梁，每眼架8根，每根要8人抬，一眼一眼地排成。桥面铺成长石板，每面长1丈2尺、宽6尺，要12人抬，一面一面地铺平。两边竖石柱，嵌石板当桥栏，100多步长，一段一段地拦好，又整齐又美观。

桥造成了！因老和尚法名叫玉升，就取名“玉升桥”。

新人开桥

开桥的一天，人们从四面八方潮水般涌来，各地商船亦囷集停泊在桥边，桅杆结彩，大放鞭炮庆贺。玉环厅同知坐了大轿，率领大队人马，鸣锣开道，也亲自来参加大桥落成典礼。

正当大典祭毕，突然桥南街上响起了鼓乐，旗伞招展，簇拥着一顶大红花轿。众人立即欢腾起来，不约而同地高声欢呼：“请新人开桥！请新人开桥！”

同知听得众人的呼声，便自觉地让给新人开桥。新娘自知这是千载难逢的机会，乐得接受，就高高兴兴地走出轿来。她头戴凤冠，身披大衣，大有戏台上正宫娘娘的风度，满面笑容，轻移莲步，走至玉环厅同知的前头。这时，千万双眼睛一齐向她迎送，千万个掌声一齐向她报喜，千万次欢呼一齐向她祝贺，千万种乐曲一齐向她鸣奏福音。新娘喜得心花怒放，威仪端庄地走到大桥当中，抬起头来，拱手向四周的人众万福道谢，细声细气地吟诵道：“新人开新桥，新桥万年牢。法师功德大，众生福气好。奴奴生贵子，老爷步步高。”

新娘的即兴颂歌，道出了千万人的心愿。顿时，乐声、掌声、欢呼声、鞭炮声响成一片。

新娘走完新桥，同知赏给她百两花粉银。新娘千恩万谢，翩然登轿而去。

小和尚乐得不可开交，又敲木鱼又撞钟。众人把他高高举起，越过新桥。民众赞扬他为百姓办了一件大好事，无不肃然起敬！只有那个摆渡船的老大，愁眉苦脸，从人缝中偷偷溜走。更可耻的是那个财主了，吞蚀了老和尚的素银，自觉亏心，不敢在人前露面。

小和尚抄化来的素银，造了桥还有积余，又和众人商议在桥北新建了两排街屋，立市收税，当作今后修桥所需。这便是“玉升桥众”。当时曾请四局总轮管，每年定期结账一次，当众公布。

众人感戴老和尚苦心创建新桥，请石匠雕刻石像，将他供在桥北的路廊里。每逢六月初一在此搭台做戏，焚香参拜和尚。

同治年间，清港遭了一场大火，里街店屋尽为焦土，那个财主的阁楼片瓦无存。独有“玉升桥众”的两排街屋依然屹立无恙，照样开张，百业兴旺！

平环桥　位于沙门镇白岭下村桐丽河上，建于清光绪四年（1878年）。桥两边拱圈石正中分别刻有“平环桥”和“大清光绪四年重建”字样。该桥为单拱石拱桥，南北横跨于桐丽河上，桥两端延伸的道路原为玉环县与太平县（今温岭市）两地往来的主要通道，故名平环桥。桥身通长9.38米，宽2.95米，跨径7米，桥下可行船，桥边尚有栓船石。桥上两边原有石栏杆、栏板，“文化大革命”期间被破坏。2004年3月被公布为县级文物保护点。

平环桥

第十一节 路 廊

深浦岭头路廊

深浦岭头路廊 位于芦浦镇道头村与玉城街道海边村交界的深浦岭头，始建于清末。路廊坐落在古道上，西南接玉城街道等地，东北通芦浦等地。早时深浦设有渡口，县城方向前往楚门大多经过此处再到渡口摆渡过漩门。路廊于1973年重修，面阔1间，进深3间，建筑占地面积48.95平方米，双通门，石结构，墙体用乱石垒砌而成，顶部在长条石石梁上以平铺石板盖顶，并以4根八棱柱形花岗岩质石柱承重。路廊西北墙面筑有佛龛供奉佛像，门额阳刻大聋手迹"过江若鲫"。沿内外墙脚建有多处坐凳，供行人休憩。路廊东北面约5.6米处建有一道石墙，并置拱门。

采桑岭头路廊

采桑岭头路廊 位于芦浦镇百丈村采桑岭头，建于民国21年（1932年）。采桑岭是芦浦镇与玉城街道的分界岭，相传为明代周六哥与徐五娘采桑处。路廊边山路为东南至西北走向，东北面经尖山、百丈通往芦浦，西南面经采桑通往玉环县城。路廊墙体用乱石垒砌而成，五檩构架，建筑占地面积约34平方米。路廊内置一块民国34年（1945年）中秋立的石碑，上面记载建造该路廊的背景和筹资情况。

第十二节　古　井

灵山古井　位于楚门镇东西村灵山寺天王殿前西南方向约50米处，在宋代重建灵山寺时挖掘砌筑。井栏外廓下宽上敛，由整石打制而成，井口沿外方内圆，上沿口外廓边长0.5米，内圆直径0.39米，高0.3米，自然侵蚀和磨擦迹象较明显。井身由乱石砌筑而成，深约5.5米。水井附近地面水泥浇筑，仍为灵山寺僧人生活所用。1986年3月被公布为县级文物保护单位。

灵山古井

戴明故居古井　位于楚门镇东西村东岙戴家南面，相传为南宋时期开凿。井栏由整石打制而成，花岗岩质地，近圆柱形，外廓稍呈下宽上敛，高0.33米，上沿口外廓直径0.5米，内圆直径0.37米。井身由乱石砌筑而成，近圆形，深约5.2米。水井附近地面水泥浇筑，可供生活用水。

戴明故居古井

龙漈井　位于楚门镇筠岗村。井栏雕刻精美，略下宽上敛，高0.75米，上部外口径0.66米，内口径约0.51米，栏壁厚约0.09米，上沿口至井底深约6.15米。井栏外周刻有8块方框，其中7块内刻“筠岗古迹龙漈井”，另一块刻“大清道光戊申年秋月吉旦”（戊申年为道光二十八年，即1848年）。该井原在始建于乾隆五十七年(1792年)的玄坛庙中，古井应始建于此时。井水清澈见底，久旱不竭。

龙漈井

大山头道院桔井　位于大山头道院内吕祖殿前，天旱不浅，久雨不满，寒冽澄清，水味津芳。吕祖殿院门上有一副落款为民国元年(1912年）二月的石刻楹联：“指迷特辟髻山路，寿世长留桔井香。”据此推测，此井应为同治后期建院之后至民国之前所凿。桔井井圈早年用水泥修整过，高0.24米，外口径0.70米，内口径0.52米。井壁用块石叠砌，深2.5米。在井边的吕祖殿台基驳岸墙面上，题有“桔井仙泉”和舒白香的联句“一水印天心指月证三生之果，六根无我相饮泉清万劫之尘”。

大山头道院桔井

第十三节　烟　墩

14～16世纪，日本部分武士、浪人勾结海商和流民，屡次侵扰中国沿海地区，进行武装掠夺，史称倭寇。《永乐乐清县志》记载：“洪武二年五月，倭寇中界山、玉环诸处。”嘉靖《太平县志》记载：“洪武五年寇温州乐清等县，十六年寇金乡卫、大闾地方，二十七年寇小尖亭，二十八年寇茅岘。”嘉庆《太平县志》记载：“永乐十年寇楚门。”《两浙海防类考》记载：“嘉靖三十一年，贼船泊梁湾。嘉靖己未，贼犯灵门。”嘉庆《太平县志》记载：“嘉靖三十八年，贼攻楚门。”倭寇所到之处，烧杀掳掠，无恶不作。明廷采取强硬的军事对抗，在沿海要塞设卫所、造战舰、筑城屯兵以备守御。洪武二十年（1387年），信国公汤和奉命巡视边海，于楚门、隘顽设守御千户所，玉环成为抗倭前线。

福杨烟墩　位于大麦屿街道福杨村烟墩山，始建于明洪武年间（1368～1398年），属边防海防设施遗迹。烟墩所在的山顶视野开阔，为军事要地。两座烟墩相距16米，其间原建有平房，供藏身和储存柴木用，后圮。每座烟墩外围直径6米、高2米，一座开口朝南，一座开口朝北。“文化大革命”期间，在遗址上修建两座碉堡，后圮。福杨烟墩遗址被揽入烟墩山体公园。

福杨烟墩

黄门山头烟墩　位于坎门街道黄门村黄门山头，建于明洪武年间（1368～1398年），属边防海防设施遗迹，仅存一小部分基石。黄门山头三面临海，视野开阔，为军事要地。民间传说烟墩下有宝物，被村民私自挖掘，另有村民拆取烟墩石块为山地驳坎，使烟墩遭受严重破坏。

黄门山头烟墩

东山烟墩 位于玉城街道小水埠村东山，建于明洪武年间（1368～1398年），属边防海防设施遗迹。东山烟墩台基底面长约18.5米、宽7.1米。“文化大革命”期间，因为武斗，烟墩上部建筑体被拆除，用于建造碉堡。后碉堡坍塌，尚存部分墙体。

泗头山烟墩

泗头山烟墩 位于清港镇凡宏村泗头山（又名司台山）最高处，始建于明洪武年间（1368～1398年），属边防海防设施遗迹。据清光绪《玉环厅志》记载：“司台山在笔架山右，高峰挺立，状如卓笔，因谓卓笔峰。又形如伞，曰伞屿。明洪武二十年（1387年）筑墙垣于此，置巡司。下有司垣望台基址。”山顶尚留2座土堆，建筑分布面积约45平方米，周围杂草丛生。

深浦岭头烟墩

深浦岭头烟墩 位于深浦山顶（今玉城街道辖区），建于清乾隆年间（1736～1795年）。光绪《玉环厅志》记载：“琛浦汛营房五间、烟墩三座、牌坊一座、瞭台一座、旗杆一枝……”一旦有战事，各烟墩狼烟四起，向各方报警。瞭望台、旗杆石等已废弃。烟墩尚存2座，相距约50米，皆由乱石堆砌而成，下宽上敛呈圆台形，高约4米。

百丈岩头烟墩 据光绪《玉环厅志》记载："深浦岭上有瞭望台，下有烟墩、营房基址，蛇屿置炮台，百丈岩上有双石台，下有营房、烽堠基址。"百丈岩山头双石台位于井头百丈岩山顶，建于乾隆年间（1736～1795年），由乱石堆砌而成，呈圆台形，故井头上街至今称营房前。

百丈岩头烟墩

灵山头烟墩 位于龙溪镇灵山头村炮台山，建于清代。烟墩所在的山顶视野开阔，是战略要地。烟墩遭后人破坏，仅存一小部分石砌基础，建筑面积约10平方米，周边散落着大量石块。

灵山头烟墩

法山头烟墩 位于龙溪镇法山头村，建于清代。烟墩由乱石堆积而成，呈锥形，一大一小2座，分布面积约50平方米。西面的大烟墩为施火台，东面小烟墩为施烟台。烟墩被杂草覆盖，石块塌落。

法山头烟墩

第十四节　碉楼　碉堡

里岩金氏碉楼　位于芦浦镇大塘村里岩，建于清代，为金家用作自卫防御。碉楼门口朝西，石木结构，共2层，建筑占地面积33.6平方米。小青瓦两面坡顶，墙体下宽上敛，由石块垒砌而成，坚固厚实，墙面上分布多处射击孔和观察用的小窗户。

里岩金氏碉楼

东头碉楼　位于海山乡横床村东头岛，建于民国19～29年（1930～1940年），为黄家用作自卫防御。碉楼坐北朝南，建筑占地面积约60平方米，石木结构，共3层，下宽上敛，以木楼梯连接楼层，层高7米。小青瓦两面坡顶，墙体用不规则块石垒砌，厚0.8米。碉楼各墙面开有多个方形小窗，窗户外墙有花纹式样，内宽外窄。解放战争时期，海上游击大队曾在此碉楼驻扎。

东头碉楼

分水梁氏碉楼　位于芦浦镇分水村蔡家芦岙路，建于民国18年（1929年），为梁家用作自卫防御。碉楼坐西朝东，石木结构，建筑占地面积29平方米。小青瓦两面坡顶，共3层，层高7米，以木楼梯连接楼层，下宽上敛，墙体用不规则的块石垒砌而成，厚0.9米。各墙面开有多种形状的孔洞，有扇形、椭圆形、方形，用于观察敌情及射击。

分水梁氏碉楼

苔山碉楼 位于清港镇苔山村东南山顶苔山寨城遗址东北方向百余米处，建于民国29年（1940年），为地方军事设施。碉楼坐南朝北，墙体用乱石垒砌，墙体各面均开有射击孔，建筑占地面积33平方米。原3层，顶部毁于20世纪80年代台风，后修建为2层建筑。

苔山碉楼

西岙陈氏碉楼 位于楚门镇东西村西岙炮台里，建于民国35年（1946年），为陈家用作自卫防御。碉楼坐南朝北，石木结构，下宽上敛，建筑占地面积38平方米。共3层，以木楼梯连接楼层，层高较普通民居低，檐高6.4米。小青瓦四面坡顶。墙体用乱石垒砌而成，厚实坚固，墙厚0.8米。碉楼各层墙体上分布着多个射击孔。解放初，充公作为大队部办公场所。1960年前后，为当地民兵房。20世纪80年代，陈家向村集体买回租给外来务工人员居住。后又被村集体征购用作旅游开发。

西岙陈氏碉楼

陈凤祥碉楼 位于楚门镇三联村小塘，建于民国时期，为陈凤祥用作自卫防御。碉楼坐北朝南，石木结构，建筑占地面积62.37平方米。四面坡顶，共3层，原以木楼梯连接楼层，层高较普通民居低，高7米。下宽上敛，墙体用毛石垒砌而成，墙厚0.9米。碉楼北面墙体上开置多个灰塑精美的窗户，并分布着多个射击孔。在三楼每面外墙中间位置，有向下射击的外突建筑体。解放初，充作政府办公及活动场所。现碉楼内部设施已被破坏，墙体有裂痕，但外部轮廓良好。

陈凤祥碉楼

隔岭潘氏碉楼

隔岭潘氏碉楼 位于芦浦镇隔岭村潘家山头，建于民国时期，为潘家用作自卫防御。潘家时为大户人家，潘万周曾遭披山土匪绑架勒索，于是由潘声雅牵头组建地方武装，以备自卫。碉楼坐北朝南，石木结构，建筑占地面积28平方米。小青瓦两面坡顶，共3层，层高7米，下宽上敛，墙体用不规则的块石垒砌而成，厚0.7米。碉楼檐下外墙四周或塑或画花草图案。碉楼东南和西南两面墙各开3个射击孔，与小部分外突墙体组成人脸形状。

盐盘应氏碉楼 位于干江镇盐盘村，建于民国时期，为应家用作自卫防御。碉楼坐北朝南，建筑占地面积22.3平方米。石砖木结构，共3层，以木楼梯连接楼层，层高7米。小青瓦两面坡顶，下宽上敛，墙体厚0.65米。一、二层墙体用不规则块石垒砌，第三层墙体用青砖构筑而成。碉楼各墙面开有扇形、葫芦形、圆形、方形孔洞，用于观察敌情和射击。

盐盘应氏碉楼

尖山吴氏碉楼 位于芦浦镇尖山村尖山脚，建于民国时期，为吴家用作自卫防御。吴起芳时为当地知名商人，将住房建成防御性建筑。碉楼依山而建，坐南朝北，石木结构，建筑占地面积116平方米。小青瓦两面坡顶，共3层，以木楼梯连接楼层，三开间，墙体坚固厚实，用不规则的块石和青砖混砌而成，厚0.4米。外墙灰塑有精美的花草装饰图案。东、西两面墙上开有多个扇形或圆形孔洞，用于观察敌情或射击。窗户全部用坚固的铁棒做窗格。

尖山吴氏碉楼

山外张耿氏碉楼 位于龙溪镇山外张村，建于民国时期，为耿家用作自卫防御。碉楼门朝西，石木结构，共2层，建筑占地面积26平方米。碉楼外墙由乱石垒砌而成，下宽上敛，墙面有多处观察口和射击孔。原为小青瓦两面坡顶，因年久失修，屋顶已塌，墙体开裂，长满杂草。

山外张耿氏碉楼

连屿碉堡 位于大麦屿街道连屿村炮台下，建于民国时期，为地方海防军事设施。碉堡开口朝东北，为石砌圆柱型建筑，建筑占地面积6平方米。墙体高1.5米处分布着3个射击口，控制山下东南、西北、西南三个方向。另在碉堡西北方向10多米处有一座三间土石结构营房和一间草房，边上有地洞（已塌），形成分布面积200平方米的军事区域。玉环解放后，碉堡和营房被当地民兵所用。营房部分墙体已坍塌。

连屿碉堡

披山碉堡群 鸡山乡披山岛密集分布着民国时期和玉环解放初期建造的碉堡、战壕和营房等军事设施，仅碉堡就有十来个，大多在国民党残余部队撤离到台湾时被炸毁，保存完好的有小沙头碉堡、披山碉堡、披山老营房碉堡等。披山老营房碉堡和披山观察站为解放初期人民解放军所建，用于观察海上敌情。小沙头碉堡建于民国时期，外廓为边长2.6米的正六边形棱柱体，高4米，共2层，墙体宽0.8米，用水泥、砂石混合料加熟糯米捣筑而成，墙体上满布射击孔。顶部中间高、周边低，顶上开有一个直径0.4米的孔，供岗哨探头观察。门朝东偏南，宽0.5米，高1.5米。披山碉堡位于披山岛顶部，建于民国时期，外廓为边长2.5米的正五边形棱柱体，高2.2米，单层建筑，墙体宽0.8米，用水泥、砂石混合料加熟糯米捣筑而成，坚固厚实。门朝南偏东，宽0.7米，高1.6米。其余四面墙体各开一个射击孔。

小沙头碉堡

披山观察站

披山老营房碉堡

披山碉堡

龙虎山碉堡 位于坎门街道东安村赫后龙虎山山顶西南方，建于1951年。1949年玉环本岛解放后，外围鸡山、大鹿、披山等岛屿仍被国民党残余势力盘踞。人民解放军进驻玉环，在龙虎山筑碉堡、建营房、挖战壕、打山洞、设炮位。碉堡处位海拔140米，为砖石水泥结构，主体建筑近似圆柱体，内部由8根木梁支撑，外顶部用水泥浇筑成馒头状，2个射击窗口分别控制西南和西北两个方向。2004年3月被公布为县级文物保护点。2005年1月，县文物管理部门对其进行修缮。

龙虎山碉堡

南排山碉堡 位于坎门港南面南排山主峰，建于1952年。1949年玉环本岛解放后，外围鸡山、大鹿、披山等岛屿仍被国民党残余势力盘踞。人民解放军驻坎门部队在南排山修筑碉堡。碉堡为四方体建筑，青砖砌筑，水泥钩缝，平顶，建筑面积9.4平方米。设置门、窗及多个射击孔，居高临下。2004年3月被公布为县级文物保护点。

南排山碉堡

第十五节 标识建筑

坎门验潮所全景

验潮井

坎门验潮所 位于坎门街道灯塔社区鲳鱼岙（又称平石岙）。民国17年（1928年）5月，由中国天文与测地界宿老曹谟选址并设计，民国18年（1929年）6月由国民政府陆地测量总局始建，是国内第一座由国人自主建造的验潮所。民国19年（1930年）5月正式验取潮位资料。民国22年（1933年）设立国家一等水准点（第252号水准点，也称坎门标高）。民国23年（1934年）10月确立坎门高程基准面，民国25年（1936年）1月正式启用坎门零点，并引测到全国17个省市，应用于军事测图。民国28年（1939年）6月日军侵犯坎门，验潮所被废置。1957年，人民解放军海军东海舰队海测处重建验潮井。1958年更名为坎门海洋环境监测站。1959年，中国首次向世界公布坎门高程精确数据。坎门验潮所观测资料被应用于军事、海洋、测绘、港口工程、基础科学等各领域研究。2001年6月，国家海洋局对其进行全面维修。验潮所整体分布面积约2000平方米，有一条东北–西南走向的陡壁海蚀冲沟。验潮井跨于西北侧5米冲刷沟上，高11米。验潮房东南向最外侧横斜着一条隆起的黄海标高8~10米的山脊，能挡住台风期东南向风浪冲击，成为天然防波堤。2008年，坎门验潮所被国家文物局列为全国文物普查重要新发现。2013年5月，被列为全国重点文物保护单位。

252 号水准点遗址

250 号水准点遗址

250号水准点遗址 位于玉城街道西溪社区凤溪路边，建于民国22年（1933年），与坎门验潮所252号一等水准点形制相仿。柱石用天然岩石雕琢而成，标志上有青石盖板，呈方形，长0.7米，宽0.68米，刻有“测量总局第二五〇号一等水准点民国二十二年”字样。由于盖板破裂，被置换为水泥仿制盖板。该水准点是坎门验潮所重要组成部分。

坎门天文点遗址

坎门天文点遗址 位于坎门街道坎门社区钓艚后岙仔山上，建于民国26年（1937年）4月。民国22～26年（1933～1937年），国民政府陆续在全国14个省市设置20个一等天文点，坎门天文点为其中之一。民国31年（1942年）《测量》杂志第二期刊登坎门天文点的经纬度数据。坎门天文点已遭严重破坏，尚存天文点测量标志用混凝土制成，建筑占地面积0.15平方米，露出地面高度0.65米。标志顶部呈台形，在4个斜面分别刻有“民国廿六年建　天文点　参谋本部　陆地测量总局”字样。顶端平整，原有一个直径0.03米的半球体白色瓷质中心点，中心刻有细小的十字丝。坎门天文点被列为中国77个天文景观点，被确立为全国测量的起算点和校核点，是全国唯一建于海岛的天文点。

第十六节　石刻　碑表

纪恩诗摩崖石刻

纪恩诗摩崖石刻　位于芦浦镇道头村寿星山麓崖壁，刻于清道光二十六年（1846年）十二月，高2米，宽3米，全诗250字，落款26字。道光二十五年（1845年），玉环厅同知徐荣赴任前受宣宗皇帝召见。徐荣到任后将召见情形写成五言《纪恩诗》刻在石崖上。此诗翔实地记述玉环置厅前后人民生产和生活状况以及当时海防设施等，是研究道光年间（1821～1850年）玉环地理风貌和人民生活习俗的珍贵资料。1981年7月被公布为县级文物保护单位，2011年6月被公布为省级文物保护单位。与光绪《玉环厅志》所载《纪恩恭衍》比对少20字。

道光岁乙巳　秋八月丙辰　浙江玉环厅　直隶同知臣
徐荣奉召见　稽首今圣人　垂问年与籍　次问所出身
次问玉环地　及此环山民　臣再稽首对　地处温台滨
雍正五年前　弃之于荆榛　臣卫臣坦熊　垦复招徕勤
厥里七百余　廿二都以分　海山各星列　巨浸青嶙峋
东至日所出　实通日本津　移乐太盘兵　设水陆两营
为温台藩篱　而海警以清　其民甚厚朴　所食皆自耕
三时亦讨海　耕渔以为生　食乃薯之丝　人丝而畜茎
帝曰俞嗟哉　念我民苦贫　汝往教之勤　忠孝俭让并
□屌□雀鼠　理解平其情　剪剔首强暴　毋俾扰我氓
臣再稽首谢　圣训详谆谆　皇极锡五福　一语穷檐春
峨峨玉环山　玉环海趆沦　山海有穷极　圣泽垂无垠
大书磨之崖　道路千秋遵

道光二十六年十二月　赐进士出身玉环同知汉军臣徐荣撰并书

【史料辑录】

同知徐荣与玉环情缘

陈仲钧

玉环自清雍正六年（1728年）设厅始，至宣统三年（1911年），先后有80多位官员担任玉环厅同知一职，徐荣与众不同。他才华横溢，律己甚严，性情刚烈，最后结局也非常惨烈。后人认识徐荣，主要源于《纪恩诗》。

“大挑”获二等　任教学海堂

徐荣（1792～1855），字铁孙（铁生），汉军正黄旗，先世驻防广州。与一般的八旗子弟不同，徐荣“有异质，幼而能文，年十五补诸生”，15岁考取秀才。嘉庆二十一年（1816年），徐荣考中举人，而朝廷实行“大挑”制度，以貌取人，因其“状貌清癯”，以大挑二等回粤候选。两广总督阮元见时人“视六经为支离，薄训诂研索为末务”，于嘉庆二十五年（1820年）在广州创办学海堂书院。徐荣受聘学海堂。

宦海尽职守　官民树口碑

道光十三年（1833年），徐荣赴河北任藁城训导。道光十六年（1836年）考取进士，44岁以知县发浙江，历任遂昌、嘉兴、临安等地知县，清廉无私，不染锱铢，得到闽浙总督刘韵珂器重。道光二十六年（1846年），徐荣由临安知县升任玉环厅同知，署理温州知府（正五品）。道光二十八年（1848年）授绍兴知府（从四品）。咸丰二年（1852年）任杭州知府，并护理杭嘉湖道员。

徐荣莅临安知县不足一月就爆发了鸦片战争，英军反复攻占定海，浙江巡抚刘韵珂点名徐荣跟随他到宁波镇海军营防守。之后，他回杭州掌管浙江军需总文案办理报销事务，曾奉刘韵珂命令到宁波、温州、台州三府查访沿海守卫和防务布置，到过楚门、坎门、东青岭及乐清雁荡等地，对玉环厅情况已有先期了解。因此，他在道光皇帝召见时，叙述起玉环地理、位置、特产等情况娓娓道来就不足为奇了。

旧时玉环属于直隶厅，厅同知的地位远高于知县和一般的府级同知。徐荣能升任玉环同知，与他掌管浙江军需总文案办理报销事务时的工作表现有关。道光二十一年（1841年），朝廷下令各省总督、巡抚公开推荐道台、知府、知县人选，刘韵珂举荐徐荣的理由是“总办军需积劳成疾，犹夙夜不辍，任劳任怨，是结实可靠之员”。刘韵珂升任闽浙总督后，接任的浙江巡抚梁宝常对徐荣的举荐理由是“总办军需，力求撙节，不辞劳怨，请以知府升用”，清廷回复“奉旨从优议叙”。可见徐荣在到玉环任职前已授玉环同知，但一直忙于浙江军需总文案之职无法脱身。这也印证了1994年版《玉环县志》有关历任同知的记载中，徐荣之前好几年无人正式就任玉环同知的原因，也表明徐荣是带着巩固海防目的到玉环赴任的。

徐荣到任后，于道光二十六年（1846年）五月署理温州知府，代理温州知府职权，十月卸事回玉环。在温州期间，招降了庄通等216人、43艘船、156门炮的海盗队伍。徐荣十分大度，拨口粮钱1000贯作为安家费用。据《清道光朝实录》，庄通归顺后，朝廷将其部下分发闽浙水师各营安插，“甫逾一载，即能捕获多犯，尚知奋勇出力，著加恩赏给千总职衔，以示逾格奖励”。可见徐荣说服能力非同一般。

徐荣在玉环期间，把教化玉环子民作为第一要务。光绪《玉环厅志》记载，下车日，首录《纪恩诗》，又作忠、孝、勤、俭、让五首《教民歌》让百姓吟诵。断狱要言不烦，剪除强暴，加强海防，重视生产和教育，规定百姓垦田不及三亩者免征税赋，对玉环经济、文化发展起到了一定的作用。离任时，《怀古田舍诗钞》记载："玉环民倾城乡出送三十里至海上，痛哭攀辕至不得登舟，为（慰）留一日乃去。"人民对父母官徐荣的爱戴可见一斑！

乱世委重任　魂归渔亭役

道光与咸丰时期的中华大地，外有列强虎视眈眈，内有农民起义风起云涌，清廷统治处在风雨飘摇之中。徐荣任杭州知府之际，恰逢太平天国运动如火如荼。咸丰三年（1853年）三月，太平军攻占南京，定为天京。六月从南京溯江而上西征，意欲夺取皖赣，进图湘鄂，以屏蔽天京。九月，翼王石达开控制安庆成为西征军大本营，清军都被压到了池州、徽州山区，清政府对安徽的统辖形同虚设。浙江巡抚黄宗汉接受咸丰帝"保徽即以保浙"旨意，以浙抚兼辖徽州，指派徐荣督办安徽防务，围剿太平军。

徐荣受命"扶疾至防，亲至箬岭"，不顾身体有病，率2000兵士进驻安徽黟县渔亭。咸丰四年（1854年）七月，与太平军在榉根岭（今安徽石台古徽道上的重要军事关隘）激战，杀死太平军200多人。又与江南大营主将向荣部下一起收复了石埭（今安徽石台）、青阳、建德（今安徽贵池县西）、东流（今安徽东至县）等地。期间，与太平军互有攻守。九月中旬，徐荣退回渔亭驻防。十一月，黄宗汉升任四川总督，命徐荣回浙办理交接，但安徽学政沈祖懋上奏挽留徐荣及所辖浙勇，得清廷准允。咸丰五年（1855年）正月，徐荣受命升任福建汀漳龙道（正四品）。

正月二十日，徐荣未及赴任，太平军检点范汝杰率军数千攻克岭隘，占领石埭。又于二十七日攻占黟县，当即分兵东西两路直扑渔亭。二月三日早晨，太平军向渔亭发起进攻，徐荣被迫退往休宁，在激战中"中矛被害"，年64虚岁。其子虑善夺尸以归。

徐荣对此结局早有预见。他在杭州时，就效仿南宋丞相江万里在朝廷灭亡后带领全家17口跳止水池事例，在官署中凿了一口井，对家人说："此即古人止水亭也。有变，吾即死此！"徐荣死后，夫人伍氏在杭州投缳而死。清廷以正三品例赐恤徐荣，在渔亭建祠祭祀。

情寄玉环地　诗续千古缘

徐荣喜欢写诗，书法笔力挺拔，善画梅，人们经常将之比作"郑虔三绝"。早年诗从张维屏（广东番禺人，清代著名爱国诗人），学海堂任教时，阮元曾以越王台、鹤舒台等十台命众人赋诗，徐荣诗作深得阮元赏识，人称"徐十台"。任遂昌县令时，以诗吊端木国瑚（青田人，清代学者），阮元称之为"诗县令"。汤鹏评其诗："其神解超脱处，太白、东坡之悟境也；其丰华掩映处，长卿、白乐天之长技也。"龚自珍对他的评价是："徐君用经术起家，登甲科，为剧县令，以诗睥睨东南。"他的诗直抒胸臆，朴实通俗，著有《怀古田舍诗钞》33卷，收录诗作约2500首。其中《玉环集》收录徐荣于道光二十六至二十七年（1846～1847年）在玉环任职期间所赋，有描述百姓生计的，有描写思亲、思乡之情的，有描写旅途艰辛的。旧时玉环孤悬海外，交通不便，徐荣因公事要经常往来温州与玉环两地，难免因天气、风浪、潮汛等诸多不便造成旅途艰辛。如《十三日渡海回玉环》："华秋海深不可渡，一风三日留人住。楚门海窄岸可呼，两日轻舟自来去。"

徐荣是清代温州竹枝词主要导引人，创作了《玉环竹枝词》。如"萧鼓訇轰震海天，竞从龙子借丰年。村童舞罢村巫唱，归去平分利市钱。"写出了元宵节玉环各地龙灯在厅署前的舞龙情景。"冬带成群入近洋，南风出水北风藏。邻船钓得头鱼在，衔尾蝉联入里仓。"描绘了玉环渔民延绳钓带鱼的作业场面。其他如玉环城隍庙会、楚门十六过元宵中秋习俗、古顺南宋县令坟前景色、坎门闽籍渔船聚集渔汛、塘垟夫人庙猎神庙盛况、后蛟官监制盐、清港徐都一带脚船敲板卖弹涂鱼等场面，在《玉环竹枝词》中均有详尽描述，为后人研究清代玉环民俗风情提供了宝贵资料。

楚门石狮

楚门石狮 原置于楚门西门大帝庙前，解放后庙毁迁至楚门剧院门口，雕刻于清道光年间(1821～1850年)，高1.3米，身围1.85米。1981年公布为县级重点文物保护单位。

圣训诗石刻

圣训诗石刻 位于玉城街道西山村牛脊岭（又名石牛岭）山间石径旁的牛脊石上，刻于民国10年（1921年），长5.5米，高1.5米，天然平整。文字与原诗基本相同，只是个别字句有出入。2004年1月被公布为县级文物保护单位。

道光岁乙巳	秋八月丙辰	浙江玉环厅	直隶同知臣
徐荣奉召见	稽首今圣人	垂问年与籍	次问所出身
次问玉环地	及此环山民	臣再稽首对	地处温台滨
雍正五年前	弃之于荆榛	臣卫臣坦熊	垦复招徕勤
厥里七百余	廿二都以分	海山各星列	巨浸青嶙峋
东至日所出	实通日本津	移乐太盘兵	设水陆两营
为温台藩篱	而海警以清	其民甚厚朴	所食皆自耕
三时亦讨海	耕渔以为生	食乃薯之丝	人丝而畜茎
帝曰俞嗟哉	念我民苦贫	汝往教之勤	忠孝俭让并
未能使无讼	理解平其情	翦剔首强暴	无俾扰我氓
念哉万赤子	永以享太平	臣再稽首谢	圣训详谆谆
皇极锡五福	一语穷檐春	峩峩玉环山	玉环海迩沦
山海有穷极	圣泽垂无垠	大书磨之崖	道路千秋遵

赐进士出身浙江温台玉环同知汉军臣徐荣谨撰并书
民国岁辛酉端月丙午重整

戚继光平倭纪念碑 位于玉城街道峦岩山。纪念碑记载明嘉靖四十年（1561年）戚继光在玉环境内平倭事迹。原碑竖立在县城圣庙前，因时间久远受风雨剥蚀损毁。民国22年（1933年）按原碑复制。1984年在县公安局大院内发现此碑。纪念碑青石质地，高3.5米，每面宽39厘米，碑身略下宽上窄，呈三棱柱形，顶部三棱锥形。三面铭文，阴刻正书，直下。正面刻“明戚公继光平倭纪念碑”，另两面分别为“嘉靖四十年辛酉，戚将军继光督率诸将会剿倭寇，大破贼于披山下白水洋、长吊洋、沙镬洋等处，冒雨而战，犁沉倭船，尽歼其众”、“□□□□□年六月□日浙江玉环县县长敬立”。石碑上部原断裂，重立时粘接，致个别字不能辨别。碑座3层，呈三角形，连同碑身总高度为5.28米。2004年3月被公布为县级文物保护点。

戚继光平倭纪念碑

【民间故事】

智造涂艇歼倭贼

张顺发口述　张一芳记录整理

明朝嘉靖年间（1522～1566年），倭寇在浙南一带沿海出没，搅扰民生。某年春天，倭匪的一艘兵船经常趁着薄雾天气，停泊在乌贼屿外的海面上。然后，悄悄地爬上滩涂，进村抢劫百姓的财物，或奸污渔家女子。在沿海一带抗倭的戚大将军，早就想要拔掉这颗钉子了。

常言说：做贼一更，防贼一夜。倭匪们像死鬼撮被头似的突然袭击一下，便逃下海去。这一大片海涂来得广阔，不便设防。待等戚家军听到消息赶来时，往往又遇着退潮，海滩上一片泥泞不易追击。没奈何，三番几次，都眼睁睁地看着倭匪在眼目头前跑掉了，把戚大将军的七窍都气得冒出青烟来，日夜寻思着对付的办法。

这一天，戚大将军带着部下，要到教场岙的校场去操练兵马了。却见一群渔家小孩，在村口翻仰了板凳，玩“骑马浪郎”的游戏。几个小孩在前面跑，后面一个小孩用双手把着凳脚，一脚踩着凳板，另一脚往后一蹬，“唰——”的一下子追上前去……戚大将军看了，禁不住在心里暗暗叫道：“好了，有办法了！”

回到驻地，戚大将军着人叫来一个木匠师傅，按照他的想法，做了一个翻仰板凳样子的木架子，把左右两个“凳脚”分别用两根横梁连了起来，再把凳板改用薄薄的板片，留一端作踏板，另一端伸长，头翘翘的像雪撬板的样子。

东西做出来了，拿到海涂上，看热闹的人围了一大堆。戚大将军着人脱了靴鞋，挽袖绾裤，教他双手稳住横木，一脚踏上踏板，另一脚一蹬，只听“唰”的一声，这家生载着这个人，像离弦的箭似的射了出去。

戚家军有了歼敌的“战骑”，人人拍手称快。戚大将军随即传令：召集当地所有工匠，连夜赶制一批，每人配备一具。

该为这个家生起名了，有人说，叫它“仰翻凳”吧。戚大将军觉得太俗了，就把它叫作“涂艇”了。当地人叫它“猴槽”。

过了几天，戚大将军派了一些兵士，扮成百姓模样，在泥涂上一边钓沙蟹捉泥螺，一边监视动静，到时候又可作狙击。过了不久，倭匪果然又踏着泥泞上山抢劫来了。戚大将军听到消息，立即吩咐一些兵士，将刀枪矛戈等兵器装上涂艇，隐蔽在涂沿的岩崖下。看看时机差不多了，只听得戚大将军一声令下，山脚下戚家军像是长了翅膀似的，一个个蹬着涂艇，兜了过去。倭匪们还没来得及弄清是怎么回事，将士们早已将他们团团围住，像群鹰衔虾似的，钉着厮杀起来。

从此，倭匪再也不敢到这里来骚扰了。他们即使是上得滩涂，也逃不过这神奇的“战骑”呵！

戚大将军挥师福建后，这种涂艇就留在这一带海涂上了。后来，从事滩涂养殖和捉蟹抓鱼的人们就拿它当作代步和运载工具了。一直至今，人们还在传讲着戚继光智造涂艇歼倭寇的故事呢！

抗战阵亡将士纪念碑

抗战阵亡将士纪念碑 抗日战争爆发后，日军封锁瓯江口，肆意劫掠过往船只，不断侵扰沿海居民，或军舰炮击，或战机轰炸扫射，并经常登陆杀、烧、抢。在历次保卫战中，国民党军警均有伤亡。民国28年（1939年）4月，县政府为纪念阵亡将士在府前坦树立抗战阵亡将士纪念碑。解放后，因改造县政府大院被拆除。2003年，玉城街道西溪居民在建中青岭公园时，发现抗战阵亡将士墓，在对旧墓进行整修的同时，找回抗战阵亡将士纪念碑断石，经拼凑形成现状，立于中青岭抗战阵亡将士墓地西南侧。

第十七节　博物馆

龙山民俗博物馆外景

龙山民俗博物馆　位于玉城街道外马村龙山乐园，由蔡纪明等退休老人于2003年自发筹建，至2008年开馆，采集到14大类1200多个品种2000多件展品，绝大部分系群众无偿提供。全馆分农业馆、手工业馆、生活馆三大区块和一精品陈列室，分14个展厅，充分反映玉环农耕时代海岛民俗文化。

龙山民俗博物馆内景

第二章　党史胜迹

第一节　革命遗址

镇海宫

古顺农会旧址（镇海宫）　俗称娘娘宫，位于大麦屿街道五一村，始建于清乾隆四十八年（1783年），坐南朝北，背靠青山，庙前为河，东、西两边为民居，建筑面积960平方米。民国17年（1928年）4月，中共党员潘俊受中共浙江省委特派员兼中共永嘉县委书记郑馨指派到玉环，以古顺为落脚点开展革命活动，在镇海宫成立古顺农会，吸收农会积极分子加入共产党，成立玉环县第一个基层党支部，建立赤卫队，组织农民开展抗租抗暴斗争。10月下旬，县政府会同省防军围剿古顺农会，农会被迫解散。赤卫队员20多人加入活动于普青、福山、陈岙、小麦屿一带的黄樟顺游击队。民国19年（1930年）7月26日（农历闰六月初一）清早，黄樟顺等9名游击队骨干被省防军围困在连屿新门岩头滩涂，黄樟顺、卓培增、罗启况、杨延芷、林加从牺牲，其余战士被俘。镇海宫为当地居民宗教活动场所，平时举行一些社戏活动。1991年修戏台，重建山门，原貌改变，为砖木两层结构。

潘心元像

分水山麓

潘心元就义地（分水山麓） 位于芦浦镇分水村，南连分水山陡闸，西嵌乐清湾，东北接漩门湾滨海湿地公园，与海山乡隔海相望。潘心元（1903～1930），湖南浏阳人。曾任红军总前委常委、红三军代理政委、红四军政委、中央巡视员等职。民国19年（1930年）8月，以中央巡视员身份到浙南视察革命活动。11月任红十三军政委，活动于浙南温州、台州两地。12月4日晨，按照中共浙南特委通知，从红二团驻地玉环苔山岛乘船赴温州开会途中，在九眼港换乘外塘货轮时，不料因人告密，被埋伏在船舱里的国民党浙江保安四团水警队抓获，就地枪杀在芦浦分水山麓的滩涂上。

应保寿像

洋屿关帝庙

应保寿部突围战斗旧址（洋屿关帝庙） 位于鸡山乡洋屿村，始建于清末民初，坐东朝西，单层土木结构，占地面积约150平方米。民国23年（1934年）10月2日，红十三军二团余部赵裕平、应保寿等20多名游击队员驻扎玉环洋屿岛，被国民党温岭保卫团基干总队队长陈作梅获悉，率队渡海清剿，发起强攻。赵裕平、应保寿指挥战士顽强阻击，6名队员在激战中牺牲。游击队边打边撤，退至关帝庙，依仗关帝庙背靠悬崖三面围墙的有利条件死守。相持到天黑，洋屿渔民得知游击队被困关帝庙，深夜悄悄驾小船停泊在悬崖下接应。游击队用庙祝的粗布撕成条搓成绳索，沿崖石陡壁下海脱险。黎明时，当基干队再次发起强攻，游击队员早已撤退。后关帝庙经过修缮，保存完好。

乐清湾游击根据地纪念碑

乐清湾游击根据地旧址 南及芦浦，北临温岭，东至楚门，西望乐清。民国34年（1945年）6月，中共瓯北中心县委根据革命斗争形势，组建永乐人民抗日自卫游击总队海上大队，在大队长兼政委郑梅欣率领下挺进乐清湾，建立以大青岛为中心的乐清湾海上游击根据地。在长达四年艰苦卓绝的革命斗争中，海上大队转战于玉环、温岭、乐清、洞头、瑞安和福建沿海一带，抗敌顽、打海匪、筹经费，不断发展壮大。解放战争期间打退国民党军队多次清剿，积极配合浙南陆上革命斗争，推动玉环、温岭解放历史进程。大青岛是乐清湾30多个岛屿中的一个，1995年7月在岛上树立乐清湾游击根据地纪念碑，浙江省政协原主席刘枫题写碑名，最高人民法院原院长江华题写“启迪后人”四字。1997年8月，原大青小学改造成纪念馆。同时，乐清湾游击根据地旧址被公布为县爱国主义教育基地。2005年2月被公布为台州市爱国主义教育基地。

陈家老屋

海上游击大队大青村驻地旧址（陈家老屋） 位于海山乡大青村中岙，呈U形，坐北朝南，正屋5间，两边厢房各1间，北面和东面均为空地，南面是道坦，西面是土坎，建筑占地面积约450平方米。民国34年（1945年）6月23日，永乐人民抗日自卫游击总队海上大队挺进乐清湾，开辟以大青岛为中心的海上游击根据地，大队部驻陈家老屋。括苍支队支队长周丕振、政委邱清华，海上大队大队长兼政委郑梅欣，中共玉环区委书记丁世祥等都在此居住过。

阮禾秀像

西跳碉楼

阮禾秀受刑地旧址（西跳碉楼） 俗称海山炮楼，位于海山乡大青村西跳山岗上，系当地村民为防御土匪于民国35年（1946年）集体修建。碉楼坐北朝南，东、西两边为民居，南边靠小路，北面为空地，石木结构，小青瓦两面坡顶，建筑占地面积35平方米。共3层，以木楼梯连接楼层，层高7米。墙体用不规则块石垒砌，厚0.8米。各墙面开有多个方形小窗，满布内宽外窄的射击孔。阮禾秀（1926～1950），玉环楚门人，民国34年（1945年）参加革命。次年8月，时任海山武工队文化教员的阮禾秀化名胡秀在大青岛做群众思想工作，不料被上岛突击清剿的国民党外海水警大队抓捕，在西跳碉楼受尽坐老虎凳、灌辣椒水、十指连心等酷刑，但宁死不屈，后由大青岛群众集体以自家性命担保营救脱险。1950年，时任浙江军区警备第五团三营营长的阮禾秀在洞头棺材岙战斗中牺牲。

大鹿岛解放沿海岛屿战壕

炮台头防空洞

解放沿海岛屿工事遗址 分布于玉环县沿海和东部海面的鸡山、洋屿、大鹿、小鹿、披山等岛屿。保存较完整的是洋屿山顶的战壕、隧洞和堡垒。民国38年（1949年）4月7日，玉环解放后，国民党残余部队仍然盘踞在鸡山、洋屿、大鹿、小鹿、披山等岛屿，对大陆进行频繁骚扰，严重影响沿海渔民的生产和生命财产安全，对整个玉环的安全稳定造成严重威胁。1950～1955年，人民解放军经过六年艰苦卓绝的战斗，击退国民党残余武装力量一次次反攻，终于在1955年2月12日解放了玉环全境。在各次战斗中，形成诸多战壕等工事。

第二节 烈士墓

潘心元烈士墓

潘心元烈士墓 位于清港镇苔山村。潘心元（1903～1930），湖南浏阳人。曾任红军总前委常委、红三军代理政委、红四军政委、中央巡视员等职。民国19年（1930年）8月，以中央巡视员身份到浙南视察革命活动。11月任红十三军政委，活动于浙南温州、台州两地。12月4日晨，按照中共浙南特委通知，从红二团驻地玉环苔山岛乘船赴温州开会途中，在九眼港换乘外塘货轮时，不料因人告密，被埋伏在船舱里的国民党浙江保安四团水警队抓获，就地枪杀在芦浦分水山麓的滩涂上。民国34年（1945年），中共第七次全国代表大会追认其为革命烈士。当年潘心元的遗体被苔山群众运回后，葬于清港镇苔山村旧寨城脚下。后当地群众自发集资、义务施工，于1995年对墓地进行修葺。1997年被公布为县爱国主义教育基地。2008年被公布为台州市爱国主义教育基地。

【史迹考证】

潘心元烈士墓的发现和认定经过

张善相

潘心元，湖南浏阳人，清光绪二十九年（1903年）生，民国12年（1923年）加入中国共产党，民国16年（1927年）参加毛泽东领导的秋收起义，曾任中共浏阳县委书记、红军总前委常委、红三军代政委等职。民国19年（1930年）受中央指派，到浙南任红十三军政委。12月牺牲在玉环县，遗体埋在苔山岛上。由于种种原因，红十三军的革命战斗业绩被湮没50多年鲜为人知，潘心元烈士的骸骨埋在苔山岛，也是在65年后的1995年才被认定。是怎样发现、调查考证，到最后认定的？得从地方党史资料征集工作说起。

1980年冬，按中共中央部署，省、地、县各级都建立地方党史资料征集工作领导机构。11月，台州地方党史资料征集小组建立，下设办公室（简称党史办），从地委办公室、地委宣传部、地委党校、台州师范专科学校各抽一人到党史办工作。我是从宣传部抽来的。我们当时的任务是："抢救活资料"、"挖掘死资料"，就是走访解放前参加革命活动的老同志，记录下他们留在脑子里的历史资料，并动员他们提供尚保存下来的历史文字资料，同时到各级档案馆查阅摘抄历史资料。当时的台州地专机关，因经过多次撤并、重建，存在的历史档案很少，中共地方党史资料可以说是"一字无存"。我们几个人都是解放后参加工作，没有系统地学习过中共党史，对地方党史脑里也是空白的。我们就此"白手起家"，联系各县党史办的同志，大家分工协作，到省里，到宁波、温州、丽水等地区党史办、档案馆，在他们的档案史料中找台州的史料，从"死资料"中发现"活资料"的线索，在走访老同志中又扩大线索。如此"抢""挖"了几年，收集到一大批资料。

从这些资料中发现，民国18～20年（1929～1931年），在浙南地区，包括台州、温州、丽水和金华部分县，存在一个由中共中央直接领导的党和军队组织系统。党的组织机构，有中共浙南特委，台州、温州、永康三个中心县委及下属各县、区委；有党、政、军、工、农合并组建的以领导武装暴动为主要任务的浙南总行动委员会及各县的行动委员会；武装组织领导机构，有浙南红军游击总指挥部，有中国工农红军第十三军及下属的第一、二、三3个团（师）及下属的大队、中队、直属队等组织领导系统。他们在党中央直接指导下，开展了英勇卓绝的武装斗争，大小战斗数百次。由于主客观种种原因，武装斗争严重受挫，团以上领导干部绝大多数在战斗中牺牲了，失散的红军战士被国民党当局和地方土豪说成"土匪"，有的被关进监狱，有的散隐在外地。解放后直到"文化革命"期间，有些红军战士仍被看作"土匪"。红十三军的革命战斗业绩被湮没了半个世纪。

浙南中共党组织和红十三军史料发掘出来后，引起各级领导机关的关注。《解放军报》分两期连载作了大幅报导。1985年开始，由浙江省党史资料征集研究委员会、浙江省档案馆、温州市党史资料征集研究委员会三家联合组织编辑班子，着手整理编辑《浙南红十三军史料》。我和温岭党史办李一鸣同志也参加了一段时间编辑工作。我们住在温州市委党校，由温州市党史办章景濂同志主持，具体做资料的整理编辑工作。为核实立准资料，我们还先后到温州市郊、永嘉、乐清、永康、玉环、温岭、天台等地方实地走访考察，深挖资料。在温岭档案馆旧政权档案中，找到一个卷宗全是中共浙南特委和红十三军往来的文件，其中有浙南总行动委员会文件，从中可以看出行动委员会的建立时间和结束时间。这套档案在中央和省档案馆里还没有发现，很有历史价值，我们把它全收集进来了。但是，有一些人物和事件在已收集的资料中隐隐约约，一时无法搞清。如：潘心殷、潘心元是否同一个人，是哪里人，在中共浙南特委、红十三军中任什么职务？由于人力和时间的限制，我们没有作更广泛、深入的调查。有些资料就没有收编入册。

1986年9月，编成《浙南红十三军史料》（讨论稿），打印成上、中、下三册，共约30万字，上报审查。经过省和中央有关部门审查、修改定稿，把书名改为《红十三军与浙南特委》，于1987年11月由中共党史出版社正式出版。

我自己参与编辑的书正式出版了，感到高兴。从头至尾通读了一遍，除了看出几个错字以外，我思想上又产生了一个疙瘩：有三个姓潘的重要人物因资料不完整没有编入。

第一个是：民国20年（1931年）5月17日，中共温州中心县委书记王国桢给中央的报告中说："同志被屠杀了700余人。我们最坚决的干部如王金海、金贯真、金缄三、柴水香、潘心殷等，均于此时牺牲了。"我们在书中《人物简介》部分，共收编了29个人物，王金海、金贯真、金缄三、柴水香4人被收编了，唯独潘心殷没有编入。在700多被屠杀的同志中，特别提出"最坚决的"五人之一，肯定是位重要领导人。他是哪里人？哪一年出生？在红十三军中任什么职务？找不到资料，没有编入。

第二个是：民国19年（1930年）9月24日向东方局写了《关于浙南党务军事及工作困难情况》报告的潘心元。他在报告中说"到过瑞安、温州、海门三个比较重要的地方及其乡村……"但是在我们已收集的浙南历史文件和民间调查中都没有提到潘心元这个名字。潘心元是党中央早就认定的革命烈士，《中共党史人物传》、《中共党史简明词典》等书中都有他的名，说他"1931年任中共浙江省委书记"、"1931年8月在浙江省温州市被捕牺牲"。这些说法与我们调查的史料对不上号，那么向东方局报告浙南工作情况的是不是另有一个"潘心元"，因事实不明，讲不清楚，《人物简介》中没有将他收录，他向东方局报告之事也没被收编入册。这等于我们"抹掉了"他在浙南革命活动的史实。作为地方党史工作者，是不应该的。

第三个是：玉环苔山岛当年参加红十三军革命活动的老人强烈要求我们调查清楚的"潘先生"。为征集研究中共台州中心县委及红十三军的史料，我三次去过苔山岛。第一次去的时候，当年见过"潘先生"的老人还有6位，当我第三次与《台州日报》记者小赵一起去苔山时，曾见过"潘先生"的只有年已90的一位老人了。据这些老人介绍，当年的苔山，是四周都是水的海岛，红十三军领导人潘先生、张先生他们常在这里开会商讨工作。张先生（即是天台籍杨敬燮）的话好懂，潘先生的话听不大懂，据说是湖南人。他们回忆说，当时苔山岛四周停着18条船，每条船都有人守着，平时为红军放哨，防敌人来犯，并随时由红军调用。他们还讲了潘先生牺牲后，红军如何冒险运回尸体，如何开追悼会，如何选墓地安葬等经过。50多年来，墓周边的土地已被开垦种上农作物了，潘先生的坟墓按原样保留着。我每次去苔山，当地老人都强烈要求："你们是做党史调查工作的，一定要把潘先生的事调查清楚。"每次我都答应了。

《红十三军与浙南特委》史料成书出版了，被湮没半个世纪鲜为人知的红十三军斗争业绩显现在世人面前，牺牲的红军战士很大一部分经民政部门调查核实定位革命烈士，原来被作为"土匪"看待的红军战士恢复了名誉；活着的红军战士经民政部门审查核准，定为"失散红军"，给予优待。台州民政局局长陈必玉同志亲口对我说，全地区认定为"失散红军"的有108位老人。当时我高兴地说："他们可称是当代的一百零八将。"可是，三位姓潘的红十三军重要领导人的案在我心里还悬着。

1990年，我已到退休年龄了。当时，还集中精力做组织史资料征编工作。我没有时间也没有精力再调查"三潘"的事了。如果就此抛开不管，作为地方党史工作者，于心有愧。我得把自己研究的一些想法写成资料留下来，让别人继续调查研究。于是，我与玉环县党史办钟强同志联系，请他再提供他们征集到的有关红十三军的资料，进行综合分析，由我执笔起草，写成《红十三军重要人物潘心元考证》一文，刊印在《台州党史通讯》总第16期上。我们的结论是："潘心殷即是潘心元……任红十三军政治委员……在乐清湾……遭杀害……苔山岛上那座无名烈士草坟就是他的坟墓。"当然，我们结论也留有余地，文章最后一段说："退一步讲，即使苔山岛这座草坟里埋的不是潘心元烈士的骸骨，那么潘心元烈士的骸骨落在浙南什么地方？苔山草坟下埋的又是哪位红十三军战士？也得进一步调查考证清楚。"此文一出，引起多方关注。温州市党史办编印的内部刊物全文作了转载；温岭坞根红十三军烈士陵园把这篇文章放在陈列室里展出；《浙江党史》1991年第1

期也作了转载，在转载时除了对文字作了调整修改外，还删去了第四部分，这就明白地告诉我们：《浙江党史》编辑同志同意我们“潘心殷即是潘心元”、“职务是红十三军政治委员”的结论，对于潘心元牺牲在乐清湾、骸骨埋在苔山岛的结论“尚待进一步调查考证”。

1994年，徐君夫同志调任中共台州市委党史研究室主任，我又把潘心元的“悬案”向他作了汇报。他很重视，向中共浙江省委党史研究室作了汇报，提出进一步调查潘心元的建议。当年9月，由中共浙江省委党史研究室牵头，联合台州、温州及玉环等市、县党史研究室，组成“潘心元在浙江革命活动资料征编组”，对潘心元在浙江期间的任职和牺牲问题进行了调查考证。同年11月，徐君夫、钟强两同志到湖南访问了已是95岁高龄的潘心元烈士遗孀周坤元老人。据她回忆，她最后一封信是由上海大东书局“王一鸣”转交的。后来听说心元牺牲了，地点在浙江温州“九江”。徐君夫同志调查回来后，向我介绍了与周坤元老人谈话的内容，使我兴奋，因这里的“王一鸣”“九江”几个字，字字值千金，理由是：

王一鸣，原名金国祥，曾用名金学祥、金雪鸥，化名兰尘侣、王一鸣、王文、王正鸣等，玉环楚门人，民国14年（1925年）在温州读书时加入中国共产党，民国18年（1929年）入上海艺术大学读书，与上海党组织接上关系。民国19年（1930年）在上海参加中共中央高级干部训练班学习，常往返于上海与浙南之间，3月参加浙南红军游击总指挥部的筹建工作。8月与潘心元、严朴三人一起从上海到浙南，11月任中共台州中心县委书记，后又多次去上海向党中央机关汇报工作。由此可见，他与潘心元的关系不是一般关系。潘心元的家信由他转交是完全可信的。

“九江”是“九眼江”的缩语，不论是普通话还是本地土话，“九眼江”三字讲快一点，别人听成“九江”两字。苔山岛老人回忆说潘先生被捕的地方更加具体，是“九眼江的双条浦江面上”。这是乐清湾靠玉环岛一边的一个小地名，外地人不知道，地图上也找不到，从来没有到过浙江的周坤元老人能说出这个地名，信息来源可能出于金国祥（即王一鸣）。这与《党史人物传》上说潘心元牺牲在“浙江温州”也是符合的，因当年的玉环县属于温州地区。

史实搞清楚后，“潘心元在浙江革命活动资料征编组”又与《中共党史人物传·潘心元》作者交换了意见，他们也完全同意浙江调查的结论。1995年9月18日，中共浙江省委党史研究室向省委作了报告。省委副书记刘枫同志批示：“同意党史研究室的意见。”

潘心元烈士的牺牲地及骸骨埋葬地查清楚了，我们党史工作者放下了“悬心”，保护烈士墓65年的苔山村民众更加欣喜，在党支部、村委会领导下，筹资数万元修好烈士墓和纪念亭。1997年，该墓区被玉环县命名为爱国主义教育基地。1999年，中共玉环县委党史研究室编辑《潘心元资料专集》，由当代中国出版社公开出版发行。2008年清明节前夕，潘心元烈士纪念馆开工奠基仪式在苔山举行。潘心元烈士的精神，将永远激励台州人民。

玉环烈士陵园

玉环烈士陵园 位于玉城街道中青山南坡，建于1959年，主要安葬解放玉环战斗中英勇牺牲的革命先烈。陵园占地面积2.2万平方米，主要建筑有烈士纪念塔、纪念亭、纪念馆、墓群、塑像、牌坊、凉亭等。牌坊正面刻有谢觉哉手迹“烈士陵园”，背面刻有郭沫若手迹“永垂不朽”。过牌坊拾级而上至墓顶平台，共有365级台阶，分五个层面：第一层为解放军战士和民兵并肩战斗大型立体雕塑。第二层为一排5间的革命烈士纪念馆，馆内陈列烈士遗物、遗像。第三层为墓前平台，约300平方米，是举行悼念活动的主要场所，讲台正壁雕刻毛泽东主席语录：“成千成万的先烈，为着人民的利益，在我们的前头英勇地牺牲了，让我们高举起他们的旗帜，踏着他们的血迹前进吧！”第四层为陵园主体组合墓群，安葬着380位烈士遗骸（其中无名120人），墓群分三层六组，每组两排，依山成弧形排列。少年英雄林森火烈士单独安葬在墓前平台西侧下方。第五层为墓顶平台，中央矗立呈六角锥形、高11.5米、边宽2米的纪念塔，塔顶饰五角星，塔身正面镌刻朱德手迹“革命烈士永垂不朽”八个镏金大字。纪念塔西侧建有杨炎宾烈士纪念碑亭，塔后有渡海解放玉环巨幅青石浮雕及玉环解放和烈士陵园碑记。陵园顶上山坡松柏常青。玉环烈士陵园于1981年7月公布为县文物保护单位，1995年6月被公布为台州市爱国主义教育基地。

玉环烈士陵园纪念塔、纪念墙

第三节　纪念馆

红军第十三军二团海上游击大队纪念堂

红军第十三军二团海上游击大队纪念堂　位于清港镇鹤新村鲤鱼山南麓，背靠青山，周边是民居。民国18年（1929年），浙南农民武装暴动风起云涌，中共台州中心县委派柳苦民、程顺昌到芳杜、清港开展革命活动。芳杜乡中赵村应保寿和清港乡垟心村杨则益（又名德益）积极响应。不到一个月，分别组织了50多人，开展反暴和抗租斗争。民国19年（1930年）7月，两支队伍被编入新成立的红十三军二团楚门（海上）游击大队，应保寿任大队长。他们活动在乐清湾一带，经历歼灭芳杜茶头保卫团、清港渡保卫团、激战省保安队等大小战斗20多场次，沉重打击国民党反动统治政权和农村封建势力，在浙南广大农村宣传共产党和红军主张，播下了革命种子。但遭到国民党反动统治的血腥镇压，应保寿、杨则益等19人英勇牺牲。红军第十三军二团海上游击大队纪念堂原为民国时期建造的平水禹王庙旧址，后改办为坦岳小学。1989年学校撤并后，鹤新村自发筹建红十三军二团海上游击大队纪念堂，建筑面积1500平方米，保护范围2500平方米。1990年、2007年又分别在后半山建成纪念亭、烈士纪念碑墙。纪念碑墙安放51块纪念碑，介绍红十三军已故主要领导和47位玉环籍烈士生平事迹。红军第十三军二团海上游击大队纪念堂于1992年2月被命名为县爱国主义教育基地。

红军第十三军二团海上游击大队纪念碑墙

东方中小学革命史纪念馆外景

东方中小学革命史纪念馆内景

东方中小学革命史纪念馆 位于楚门镇谷水村。民国28年（1939年）2月，爱国人士陈愚亭、陈楚材和玉环商会会长耿舜钦等人联合筹办东方小学。9月，又创办玉环县第一所中学——楚门私立东方中学。其间，当地中共党组织按照“隐蔽精干”方针，建立以东方中学和东方小学为中心的地下活动阵地，陆续安排党的骨干力量和进步青年知识分子进学校，使东方中学和东方小学逐步发展成为党组织实施“隐蔽精干”后开展地下活动的重要据点，被誉为“红色堡垒”。年底，东方中学被认定有“赤色嫌疑”，遭国民政府强行停办。民国32年（1943年）冬，东方小学也因经费来源枯竭而关闭。1985年，东方中学在东方小学旧址复办。1991年3月，东方小学旧址建成东方中学校史陈列室。1995年建成东方中学校史纪念馆。1998年3月更名为东方中小学革命史纪念馆。2007年3月起进行重新设计和修缮，于2009年4月8日正式开馆。新馆沿袭原有两层木结构建筑，建筑面积297平方米。共分序厅、复原礼堂、校史厅、英烈厅、复原红色图书馆、复原教师办公室、战史厅等7个展厅，展出许多珍贵的图片、文字资料、塑像和实物，详尽展示东方中学和东方小学创办历史，以及抗战时期中共党组织以东方中学和东方小学为活动阵地，开展抗日救亡活动，领导民众争取民主、反对迫害的革命斗争史。东方中小学革命史纪念馆于1986年3月被公布为县级文物保护单位，1995年3月被公布为县爱国主义教育基地，2000年3月被公布为台州市爱国主义教育基地。

玉环沿海岛屿解放纪念陈列室外景

玉环沿海岛屿解放纪念陈列室内景

玉环沿海岛屿解放纪念陈列室 位于鸡山乡洋屿村山岗上。民国38年(1949年)，国民党“江浙反共救国军”在披山岛成立伪玉环县政府，依托鸡山、洋屿、大鹿、小鹿等岛屿伺机反扑，不断武装骚扰袭击，直到1955年披山解放。期间大小战斗几十次，许多解放军指战员和仁人志士献出了青春和生命，留下了许多可歌可泣的英雄故事。洋屿岛历来是兵家必争之地，土地革命时期是红十三军二团后期移兵入海的根据地；解放战争和解放初期又成为人民解放军与国民党武装力量较量的战场，至今还较完整地保存着当年“三道防线、两条隧道”战争遗迹。20世纪60年代，民兵还在海上活捉国民党空军少校飞行作战官。玉环沿海岛屿解放纪念陈列室原为洋屿中小学旧址，坐西朝东，东、西是空旷的山地，南、北是无际的大海，占地面积400平方米，两层钢混结构，于2001年改建而成并正式对外开放。陈列室内陈列着海岛模型、战争经过图、战争图片实物、渔业生产工具模型等。2003年4月被公布为县爱国主义教育基地。

林森火像

少年英雄林森火纪念馆 位于坎门街道解放南路林森火小学校园内。林森火（1933～1950），生于玉环坎门小菜场巷。9岁进坎门西头小学读书。民国36年（1947年）4月，加入坎门少年先锋队（民国37年〔1948年〕改建为坎门儿童团），被推选为队（团）长。民国38年（1949年）下半年转学到坎门小学。1950年4月加入中国新民主主义青年团。林森火从小受革命思想熏陶，带头秘密创办红色图书馆，组织同学阅读进步书籍，参与地下党组织的反粮食漏海斗争和抗议粮价暴涨罢市游行活动，配合地下党和民兵递送情报、张贴标语、散发传单、转送物资、侦察敌情、送警告信等。玉环解放初期，带领儿童团员自编自演文艺节目宣传党的政策，在盘踞海岛的国民党残余部队不断骚扰坎门时，配合民兵站岗放哨、为部队当向导、运送茶饭、传递情报。1950年11月20日上午，国民党残余吕渭祥部分数路偷袭玉环县城和坎门。林森火协助老师疏散同学后，到解放军部队炊事房帮助烧水做饭，不幸中弹牺牲，年仅17岁。时任中共玉环县委书记的丁世祥主持追悼大会。中国新民主主义青年团玉环县委员会号召全县青少年向林森火学习。当地政府将林森火生前居住的小菜场巷改名为森火巷。1955年9月，中央人民政府向林森火家属颁发《革命牺牲民兵民工家属光荣纪念证》。1983年2月，国家民政部认定林森火为革命烈士。1985年3月，共青团中央少先队工作委员会将林森火列为全国13位现代少年英雄之一。20世纪50年代，坎门区中心小学（原址在钓艚岭北麓岩下堂）创建少年英雄林森火纪念室。1987年10月，全国妇联主席康克清为林森火塑像题写“少年英雄林森火”。1995年改纪念室为纪念馆，中共中央政治局常委宋平题写馆名“少年英雄林森火纪念馆”。2010年11月，重建的新馆在坎门海港新校舍开馆。少年英雄林森火纪念馆于1991年被公布为县爱国主义教育基地，1995年6月被公布为台州市爱国主义教育基地，2013年1月被公布为浙江省党史教育基地。

少年英雄林森火纪念馆

坎门英雄基干民兵营营史展览馆外景

坎门英雄基干民兵营营史展览馆 位于坎门街道狗仔尾山。坎门英雄基干民兵营前身为民国37年（1948年）5月成立的坎门民兵队。解放战争时期，坎门民兵在地下党组织的领导下，秘密张贴标语、分发传单、侦察敌情、递送信件。玉环解放初期，积极配合解放军剿匪，担负站岗放哨、沿海侦察、出航支前、护航护渔等战勤任务。从民国37年建立至1955年玉环全境解放，这支“一手扛枪一手拉网”的群众武装组织，配合部队或单独对敌作战28次，比较著名的有路仔脚战斗、坎门保卫战、骆家山战斗等，先后有620多名民兵参战，16人光荣牺牲，150多人次立功受奖。1951年5月南排山东南海面一战，击败国民党军武装船，毙3人，俘5人，缴获大帆船1艘、重机枪1挺……而民兵无一人伤亡。1958年8月，坎门民兵营成立。1960年4月，营长郭口顺和李其凤出席全国民兵代表大会，受到毛泽东、朱德等中央领导接见。1964年10月，坎门基干民兵营被浙江省人民委员会、省军区授予“英雄基干民兵营”称号。1969年，营史展览室建立。2004年10月，筹建中的坎门英雄基干民兵营营史展览馆被公布为浙江省爱国主义教育基地，2005年3月被公布为浙江省国防教育基地。2008年7月22日，坎门英雄基干民兵营营史展览馆正式对外开放。展览馆建筑面积614平方米，两层钢混结构，分两个展厅，厅内陈列民兵战斗雕塑、作战沙盘、民兵战斗史实物图片等，配有音像设施。

坎门英雄基干民兵营营史展览馆内景

第二编

山水风光

【史料辑录】

玉环历史之最（一）

最早古村落：三合潭。考古证实，在3000～3600年前的商周时期就有人类在此生息繁衍。

最高峰：大雷山。在清港芳杜，海拔443米。港北诸山胚胎于此，其势自乐清雁荡东北大安山至温岭盘山，奔腾起伏而来，周围三十里，峭拔峻绝，积石千通，水穴万变，山顶常带云雾。

最低处：大麦屿街道大岩头前沿水域，海拔-104米。

最早的大迁徙：西汉初期，玉环境地属东瓯王国，东瓯王迫于闽越王的侵扰，于建元三年（前138年）举国内迁至庐江郡（今安徽舒城）。元封元年（前110年），汉武帝平定闽越之乱后，将闽越人迁徙到江淮一带。后又于明洪武二十年（1387年），因倭寇扰边，漩门港以南玉环岛屿全被迁弃。清顺治十八年（1661年），为清除南明反清复明势力，清廷下令迁边海30里居民入内地，玉环境地均遭迁弃。

最早炼丹修道的人：葛元（164～244），即葛玄。清光绪《玉环厅志》记载："葛元丹室在大雷山。"葛玄系丹阳郡句容（今属江苏）人，东汉至三国时期道教天师，灵宝派祖师，尊称太极仙翁。

最早隐居玉环的行政长官：郗愔。曾任临海太守。东晋永和元年至升平五年（345～361年）于木榴山(今玉环岛）置田庄、建别墅。

最早的古寺：普济寺。建于唐开成二年（837年），在玉环乡南社铁场（今玉城街道西青岙一带）。原名南保安院，北宋大中祥符年间（1008～1016年）赐今名。明洪武二十年（1387年）徙海岛居民，其院遂废。

最早记载与日本直接通航：据日本木宫泰彦《日中文化交流史》记述，唐会昌二年（842年）(一说开成三年〔838年〕)，中国商人李处人在日本肥前值嘉岛造船一艘，于八月二十九日抵达乐成县玉瑠镇（今玉环），首开日本值嘉岛直达温州新航线。日本僧人慧运乘此船抵达温州，然后去五台山朝圣，是为首次记载日本与温州的直接通航。

规模最大的古寺：灵山寺。唐咸通年间（860～874年），僧人启爽在楚门竹冈（今楚门镇东西村）灵山（又名凤凰山）南麓创建寺院。懿宗赐名"灵山寿圣寺"。宋熙宁元年（1068年），神宗赐"灵山寿圣寺"匾额，并拨库银扩建。元至治二年（1322年），寺院毁于火灾。至顺元年至至正二十四年（1330～1364年），重建灵山寺，渐成规模。明代，灵山寺列玉环十大寺院之冠，是浙南有名的弘法道场。民国时期寺院常住僧众尚有40多人，"文化大革命"期间寺院遭严重破坏。1989年始重建。

最早的古树：楚门镇东西村法师殿古樟。为北宋建隆元年（960年）灵山寺住持林峰所植。

最早的国营企业：天富北监盐场。北宋太平兴国三年（978年）在今玉城街道后　一带设密鹦盐场，属温州天富南北监。咸平三年（1000年）升改天富北监盐场，隶两浙路蒲门司垵明初迁乐清白沙岛。清康熙三十九年（1700年）并入长林盐场。

第一位进士：蓝田（今楚门镇田岙）林良旻。北宋治平二年（1065年）以明经中榜眼，官至秘书给事黄门侍郎。

第一章　景　区

第一节　大鹿岛景区

大鹿岛风景区为海上风景旅游度假区，位于玉环县境东南部披山洋面上，由大鹿岛、小鹿岛两岛组成，主峰海拔239.6米，面积2平方公里，距坎门鹰东码头9海里，距栈台码头6海里。岛上森林覆盖率87.5%，植物品种380多种，拥有美国红杉、北美鹅掌楸、台湾相思树等珍贵树种，1985年被评为全国海岛绿化先进单位，1991年被国家林业部公布为省级森林公园。环绕海岛有36道海湾和长达5.45公里的海岸线，因长期受海浪冲蚀和风化，奇礁异石星罗棋布，天然岩相千姿百态。1985年开始，中国美术学院洪世清教授在大鹿岛创作秦汉风格的海生鳞介动物岩雕作品近百件；刘海粟、沙孟海、钱君匋等名人大家为大鹿岛留下摩崖题刻和碑铭16幅。海上森林、奇礁异石、岩雕艺术构成大鹿岛“三绝”。2000年7月，苏泊尔集团公司接手开发大鹿岛旅游业。2007年，大鹿岛被公布为国家AAAA级旅游景区。

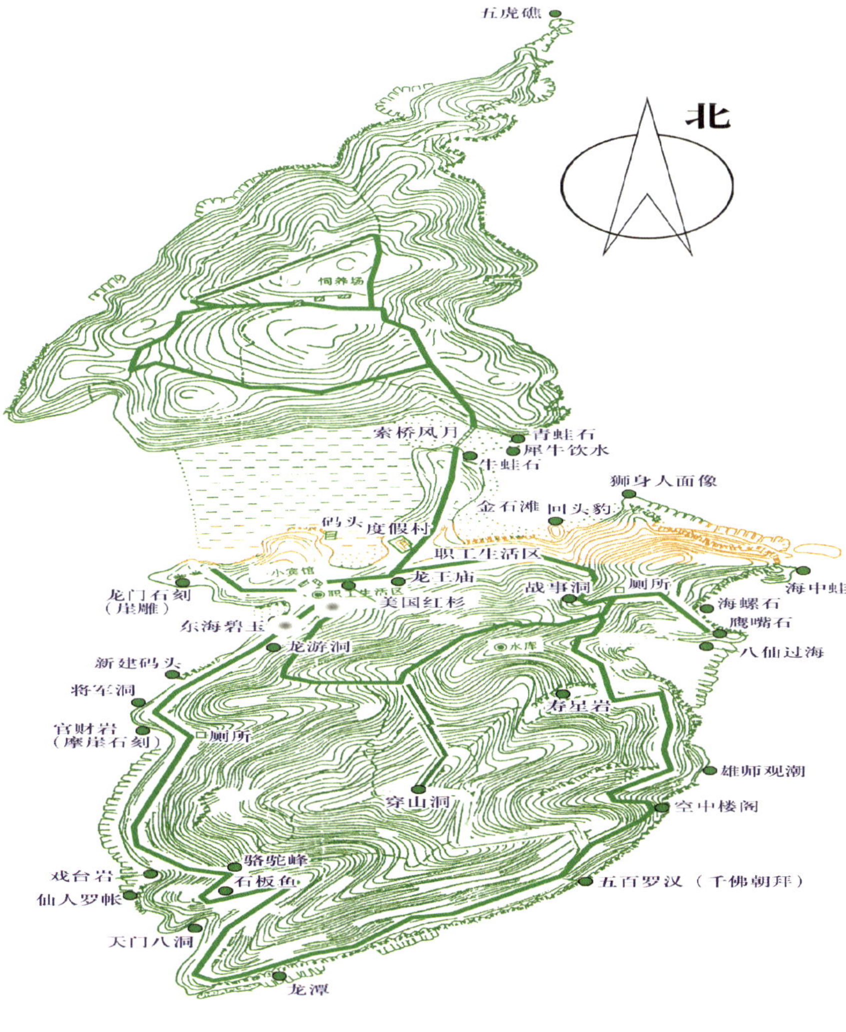

一、龙门石刻

沿大鹿岛蟹山向西延伸的山脊突然中断，峡中涌浪如游龙出宫，故称龙门。此处奇礁峥嵘，怪石玲珑，洞壑深邃，摩崖岩雕集中。摩崖有刘海粟的“大鹿岛”、朱屺蟾的“海上云岗”、沈定庵的“大朴不雕”、申石伽的“天籁”等；岩雕有魟鱼飞崖、龙宫将军（螃蟹）、海龟搏涛、崖下群鱼、鲤鱼、海豚（一说黄鱼）、发财龟、望海龟、蛤蟆鱼等20多件。

龙门赏石

龙门

鲤鱼

天子龙洞　三块巨石叠成海岩洞窟，犹如龙行通道。传说明朝开国皇帝朱元璋征战东南沿海时上了大鹿岛，在此通道歇息，临走时将一只很大的金香炉藏匿此处，可后人欲求无果，人称天子龙洞。

天子龙洞

崖下鱼群

海龟搏涛

发财龟

望海龟

水井岙石刻

水井岙　龙门与龙游洞之间的海湾是海浴和戏水的最佳处，俗称水井岙。左边岩壁有王芳题的“东海碧玉”四个大字。岩雕有嬉水的鱼、探海的龟、上岸的鲨鱼、搁滩的鳌、贴壁的飞鱼。

二、八仙过海

八仙过海　位于大鹿岛东南海边，一年四季惊涛骇浪，有时白浪飞溅约10丈高。传说八仙经过东海曾路过大鹿岛，在这里观潮听涛。此处礁石由于海水冲蚀变得千疮百孔，形成了一个个天生地造的佛龛，人称千佛龛。八仙过海上部有一块成弧形状的岩石酷似一只向前伸长脖子准备扑食的老鹰，只是没了嘴巴，人称鹰嘴岩。八仙过海半山腰有八仙座，一半球状巨石覆盖其上，形成一个较大的空洞，能容纳10多人，传说当年八仙曾在这里饮酒论诗，作渡海准备。八仙过海东部海岸有一巨石搁置于岩礁上，形似向上爬行的鳄鱼，故称鳄鱼观日。附近有莲花宝座、象鼻洞、海角洞天等自然景观和鳐鱼搏浪、幼豚观海等岩雕。

千佛龛

鹰嘴岩

八仙座

鳄鱼观日

莲花宝座

象鼻洞

海角洞天

鲳鱼搏浪

幼豚观海

前往八仙过海要经过清风洞，原为人民解放军开凿的不到2米高的穿山洞，后经扩展成为现状，进洞会享受到清风送爽的快感。八仙过海北侧岙中有一大一小两只海螺，螺纹清晰，形象逼真。此山岙北侧山嘴崖下，有两块岩石形似两只相对的海龟，人称龟兄探路。

清风洞

海螺石

龟兄探路

八仙过海东南方对面海岸有一组岩石，一块像悬挂的金钟，一块像搁置在岩头的大鼓，人称金钟铁鼓。附近有海鳗攀壁等景观。

海鳗攀壁

金钟铁鼓

寿星岩　一巨石高20米，上尖下宽，形似一位巍巍而立的老寿星，上有刘海粟夫人夏伊乔题写的摩崖“寿星岩”三字。岩前峭壁上有岩雕《鱼乐图》，依照天然石缝点拨成12件形态各异的鱼虾，线条流畅，构思巧妙。岩后右侧石崖上刻有刘海粟文、钱君匋书的巨幅《大鹿岛岩雕铭》。在寿星岩前下方一突起石柱，远远望去似一小僧正向寿星跪拜，称小僧拜佛。在寿星岩旁有一长方形巨石，犹如一只大鳌，说是寿星坐骑。在寿星岩下方有一奇石搁在岩石上，周围凌空。传说这块飞来石与绍兴越王宫的飞来石原来同一块巨石，从天降落一分为二，但这块石头要比绍兴的那块大得多。

寿星岩

飞来石

鱼乐图

大鹿岛岩雕铭

刘海粟

大鹿岛危峰险峻，盘磴岖嵚，草木丰茂，礁崖嶙峋。丙寅端月，学棣洪世清梯航登临。嗟乎鸿蒙初辟之陈迹，还疑补天填海之剩痕。锤乃与石为新，衍汉墓魏窟绝艺，别开生面，为见阙鳞介传神。世清素擅丹青金石，心高眼阔，涉海锤崖，依形取势，审雕慎刻。海风吹雨，潮音送夜。汗血十年，造像九十九座。鱼龙百变，顷成海天奇观。或翔悬崖，或卧沙滩，或隐洞壑，或跃水底。

果然石不能言，默助无为之法，笔补造化，潜因妙用而成。群雕意承秦汉，刚健有为，苍郁多气，无媚世俗态，崇尚自然，与海天一体。风蚀浪淘，人天同构。洵艺史一家之言，会长驻南溟之间。余嘉其艺，尤赏其志，故撰文以识之。

三、环岛景观

沿环岛游步道，一路涛声依旧，是领略大鹿岛沿海风光的最佳选择。岛岸奇礁密布、怪石嶙峋，令人浮想联翩，有欲出龙宫、将军洞、水帘洞、神仙戏台、仙人罗帐、崖下藏娇、天门八洞、龙潭惊涛、千佛朝拜（五百罗汉）、金砖铺路、无字天书、神龟驮经书、天工石栈、雄狮观涛等景观。

欲出龙宫　龙游洞深40多米、宽约10米，涌浪入洞声如洪钟，飞流直泻气势磅礴。此洞通天达海，洞口有一条依石拟形、就势凿成的大鱼长约5米，圆睁双目，既有匍伏入定的静感，又有跃身而出的动感。洞壁有申石伽题的“欲出龙宫”四个大字。

欲出龙宫

将军洞 龙游洞南约500米的滩崖近海处有两个洞，随潮水涨落或隐或现。一洞退潮后洞口狭小，积水约1米，不知深浅。另一洞深约30多米，洞前一缝隙可见天日，洞壁如刀削，底部平坦，洞口恰似宫阙门庭。左边崖壁上有一突出的岩石形似一尊肃然而立右手擎一宝剑的将军浮雕，守卫着洞口。此处名人摩崖石刻有沙孟海题的“龙”，刘海粟题的“海天砥柱”，邓白题的“鱼乐”，申石伽题的“披襟临风”，沈定庵题的“吞吐大千”。

将军洞

将军洞摩崖石刻

神仙戏台

仙人罗帐

水帘洞

崖下藏娇 有一条长约3米色灰如玉的美人鱼似动非动，默默地躺在突兀的崖下深处。传说这条鱼本是海龙王的三公主，因不愿过龙宫生活，擅自出海隐匿于此。龙王曾多次派虾兵蟹将到大鹿岛寻找，但每次都被其前面海岸涌起的浪涛遮掩，无功而返。

崖下藏娇

天门八洞

天门八洞 大米坑入海处海湾有八个洞向大海开口，形成天门。传说上八洞大仙在此居住过。沿途景观有石斑鱼、骆驼峰、扁舟石等岩景。

石斑鱼

骆驼峰

扁舟石

龙潭惊涛

龙潭惊涛 大鹿岛南面向东转角处，有一列长约200米、宽约10米的礁石群平行于基岩，蜿蜒起伏，崎岖嶙峋，形似巨龙卧于海面。与山崖形成的险峻峡谷随潮水涨落，来自不同方向的海浪相互叠加形成回流，波浪奔涌，涛声震耳，犹如巨龙翻滚，气势磅礴。传说这条巨龙原居鲜迭大岩头下龙湾，因玩耍时不慎被海蚌盗去龙珠，只好藏匿于此。只要大岩头下的海蚌一张开，巨龙就会呼啸而出要抢回龙珠，民间有“大岩头门蚌闪光，三天之内会下雨”的说法。

猪槽

天工石栈

金砖铺路

千佛朝拜 又称五百罗汉。大鹿岛南端的岩石节理异常发育，被切割成柱状排列，再加上海浪长年累月侵蚀，形成排列整齐、形态逼真、场面壮观的“罗汉”阵列，仿佛在做一场规模空前的水陆道场，为一方百姓祈福。

千佛朝拜

雄狮观涛

神龟驮经书

无字天书

四、索桥风月

大鹿岛老码头与度假村之间有一金色沙滩，赤脚踩在细嫩的金沙上，让人顿觉心旷神怡。度假村东侧东坑原为彩石滩，现铺上黄沙，也变成了金沙滩。东坑沙滩南侧有龙王庙。大鹿岛与小鹿岛之间原为激流奔涌的海峡，有索桥横跨其间，行人走在桥上晃晃悠悠，如荡秋千一般。后在峡中建钓鱼台。此处山半腰有观日亭，是观日的最佳处。清晨一轮红日从海边升起，万道金光直射索桥，气势壮观。对面小鹿岛山麓有钱君匋题写的摩崖“观日”二字。索桥东面有一组巨型的岩石，传说是海龙王的镇海之石，虽经千百万年海浪冲击，依然巍巍耸立。从西侧看，恰似一头伏卧的麒麟。在靠小鹿岛的崖边，有一岩石高高耸起，像朝天鸣叫的青蛙。而在它的前方海面有一竖立着的岩石形似俊男头像，人称青蛙王子。靠此山嘴海面有一礁石酷似一只金蟾，人称金蟾送宝。在索桥向东南面山峰眺望，山的前端像一头雄狮扑向大海，但长的是一副人面像，人称狮身人面。

索桥风月

金沙滩

东坑彩石滩原貌

龙王庙

青蛙王子

金蟾送宝

麒麟岩

镇海石

狮身人面

五、鹿顶

大鹿岛最高峰海拔239.6米，鹿峰之巅建有鹿顶阁，仿古建筑，高三层，琼楼玉宇，巍峨壮观，是观日出、赏晚霞的最佳去处。放眼四方，但见海天一线，波澜壮阔，星星点点的大小岛屿撒落在浩淼烟波之中，令人心旷神怡，艺术大师王朝闻谓之“海上仙山”。鹿顶阁下建有大福寺，庄严古朴。鹿顶东南方向，有一抹岗峦从海面突兀而起，逶迤盘旋上延，如露出海面的巨龙之脊，往鹿峰飞腾而去，龙脊险峻，气势壮观，令人遐想万千，人称苍龙岭。大鹿岛从南到北山顶有道壮丽的风景线，漫步在山顶小道，遥望大海，景色宜人，大小岛屿错落，烟波浩瀚的大海晚霞烁金，景色迷人。沙孟海题词“海山奇观”。未到鹿峰有一洞，因战事人工所凿。此洞从西向东通山脊，高2米，宽2.5米，长80多米。令人惊奇的是，洞内有一口井，常年不涸，井水清凉可口，故称之为仙人泉。

鹿顶

大福寺

战事洞

【民间故事】

大岩头门的蚌光

陈光进口述　陈斌斐记录整理

瓯江口外，玉环岛东南角鲜迭岙边的山岬上，有一高耸的岩石，岩石下的海口是通向温州的门户，人称大岩头门。那里既有瓯江流下的淡水，又有东海上来的咸潮，水深六七十仞，咸淡相交，海水碧蓝。据说，这里是东海龙宫的后门，东海龙王也常到这里游玩洗澡呢！

龙王来洗澡时，他总是把衔在嘴里的玑珠拿出来，放在离大麦屿不远的一个小礁上，然后，痛痛快快地盥浴一番，好不畅快哟！龙王放玑珠的那个小礁，至今还被人们称为玑珠礁。

离大岩头不远的龙潭坑山上住着一条大蜈蚣。每当它看到东海龙王把晶莹圆滑的玑珠放在小礁上时，就垂涎三尺，并勾起了一个坏念头。

有一天，龙王又来洗澡了。同平日一样，它又把宝珠放在玑珠礁上。龙潭坑那条蜈蚣偷偷地下山，趁龙王不备，抢起龙珠就想逃走。哪知已被龙王发觉，连忙转个身，卷起龙尾向蜈蚣打将过去，一下子把蜈蚣的眼睛打瞎了，那蜈蚣窃到手的龙珠也被甩出老远，向大岩头飞出。刚好，那里有一只大海蚌，正张开两片大壳晒太阳。那颗龙珠不偏不倚，恰恰掉落在海蚌身上。海蚌赶紧把两片壳一合，潜进大岩头门下的石洞中去了。至于那条蜈蚣，被龙尾一扫，扫到半空中，掉下来后，它的身子就贴在陈岙对面山。也许是伤势过重的缘故吧，它的足紧紧地抱住山脊，张口吐着白沫，后来终于僵死了，就成了一条小山岗。到如今人们还叫它蜈蚣岗。它的头和钳形的口齿就变成了一个山嘴，人们就叫它钳山嘴（后人称长山嘴）。由于龙王斗蜈蚣时用力过猛，在它翻腾转身时，竟把一条平直的海岸击了个大凹，人们就叫那个地方为龙湾。

那龙王想等海蚌出来，夺回宝珠，谁知海蚌得到龙珠之后，再也不出来了。龙王在离大岩头门不远的横趾岛不知等了多少年，最终还是没有办法，只得懊恼地说："这个地方，我再也不想来了。"大岩头门内本来是多风多浪的汪洋，自此再也没有龙卷风和大浪涛，成为渔民天然的避风港。

那海蚌得到宝珠之后，就法力无穷，既能行云播雾，又能呼风唤雨。每逢夏秋少雨季节，人们只要看到大岩头门的蚌光一闪，就会说："大岩头门的蚌闪光啦，三天之内会下雨了。"真的，不出三天，果真下起雨来。人们乘船经过大岩头门，可看到那大岩石上有一片艳红的颜色，那就是海蚌的珠光经常闪烁留下的痕迹。

第二节　玉环漩门湾观光农业园

观光农业园东大门

玉环漩门湾观光农业园位于玉环县西北部，西濒乐清湾，与玉环漩门湾湿地公园为邻。园区总面积近万亩，由管理服务中心区、农耕文化游览区、休闲康体游憩区、生态农业种养殖区、世界名柚园区、渔乡风情区和生态果园观光区七大功能区组成，充分体现当代传统农业园的生产功能、生态功能、文化功能与观光休闲度假功能，激发游客“知农、学农、爱农”的情趣。2003年10月1日开放以来，被授予全国农业科普示范基地、全国农业旅游示范点。2012年被公布为国家AAAA级旅游景区。

生态大道

玉橙

枇杷

杨梅

生态大道　进入园区，行走在生态大道上，首先映入眼帘的是一个上书“丰”字的大型谷仓，寓意五谷丰登。生态大道中间两侧竹杆上垂挂着一只只竹筒，名为竹音送福。竹棒敲击，会发出不同的声响，寓意一锤定音、万象更新。竹筒围成区域前后两端分别种植供观赏的玉橙、枇杷，其间有纺织、农耕、灌溉造型的艺术小品。生态大道两边种植杨梅。

神农广场

青石景墙

时光之门

图腾柱

神农广场 神农教耕雕塑是园区标志性建筑。相传神农开创农业，发明农耕，教人熟食，遍尝百草，为人治病，是中华民族始祖。雕塑重100吨，由紫铜铸成，连基座高13.8米。神农、神牛、麦穗给人以历史的庄重感和神圣感。广场上，镶嵌着粟、黍、稻、麦、菽字样及图案的青石雕刻，寄托五谷丰登美好祝愿。神农教耕雕塑北面矗立着北朝贾思勰《齐民要术》、元王帧《农书》、明徐光启《农政全书》三部中国最具影响力农书造形的青石景墙。神农教耕雕塑背后顺着小溪有六道木质拱门，称为时光之门，代表中国古代至未来从原始农业、沟洫农业到精耕细作农业的成型期、扩展期、持续发展期、现代和未来发展期六段发展过程。神农教耕雕塑南面有6根造型像古代神灯的图腾柱，象征农业社会对火的崇拜。每根柱顶4盏小灯，共计24盏，象征“二十四节气”。神农身后有一棵夫妻树基生两干，枝叶交际，齿唇相依，风雨共济，印证了“在天愿作比翼鸟，在地愿为连理枝”的诺言。

百草园

百草园 种植了许多草本、木本植物，如：大丽花、玫瑰、薄荷、车前草、墨西哥仙人掌、杜仲等，其中不乏治疗咳嗽、泻火等常用中草药。

车前草

杜仲

认知园 园内种植各科林木树种，面积100多亩，分为11个区块，17个科200多个树种，有南疆北国的，有珍稀濒危的。树木或大或小，乔木灌木结合，常绿与落叶相间有致。

桃园闹春

樱桃

梨

果桑

花径

精品果园 种植雪枣、石榴、杏、油桃、苹果、樱桃、梨、桃、玉环长柿、果桑等水果。

水景园雪景

水景园　水域面积200多亩，拥有独特的自然风光与人文景观，水域南面设有音乐喷泉。园中水石相融，亭轩相映。景区由湖中岛、游船码头、曲桥、小溪及环湖特色小亭组成，整体风格淡雅朴素，效仿江南园林意境，亭榭廊轩宛转其间，以清新洒脱见称。水景园绿化植物四季景色分明，季换景别。秋景区分布在水景园南面，代表植物有水杉、乌桕、枫树、杜英等树种，进入深秋便是霜重叶浓、层林尽染。与秋景区隔着左右两片雷竹园便是夏景区，代表植物有皇后葵、蒲葵、华盛顿棕榈、银海枣、布迪椰子、澳洲红千层等南亚热带树种。沿着双龙戏珠石桥穿过夏景区进入柚香洲，岛上种植以梅花为主的冬景植物。柚香洲上设游船码头、茶舫，游客可在这里选择划水或品茶。柚香洲的对面是春景区，代表植物有日本樱花、紫荆、玉兰、花桃、含笑、杜鹃等树种。

嘻哈农园

嘻哈农园　总占地面积约5000平方米，包含海盗船、青蛙跳、豪华波浪、过山车等大型游乐设施。

演艺区 在园区还能欣赏精彩的演出，歌舞杂技综艺荟萃。

文艺演出

世界名柚园

世界名柚园 原指建立于1980年的苔山塘文旦联营基地，因著名生物学家谈家桢教授于1991年11月视察该基地后亲笔题写“世界名柚园”而得名。后扩展到楚北塘生态柚园，文旦种植总面积近5000亩，每年11月是文旦采摘时节。

葡萄园

葡萄园 占地面积13000平方米，有红富士、巨峰、美人指、红地球等优良品种，多次获省级葡萄评比优质奖。

开心农场

开心农场 既有果蔬自采，又能亲手种植作物，感受耕种和收获的乐趣。

农展馆内景

农展馆 一、二展厅陈列传统耕种、收割农具以及农作物品种和加工工具，三、四展厅展出沿海渔民常用的各种捕鱼工具。第五展厅反映未来农业发展前景。

农展馆内景

贝雕馆 陈列郑高金上千件贝雕作品和海洋生物标本，其作品有的大气恢弘，有的精微细巧。大者如东方巨龙等力作，长达16米，神形俱佳，惟妙惟肖；小者如彩蝶、金鱼等造型，长度仅3～5厘米，栩栩如生，神韵十足。

北桥休闲区 设烧烤、野炊区，建有游步道、水车。

水上乐园

冲天回旋滑道

儿童滑道

螺旋滑梯

水上乐园 总规划面积49014平方米，以水上游乐为核心，融农业观光、娱乐保健及休闲度假等功能于一体，打造动感、时尚、刺激的水上休闲娱乐体验空间，设有音乐喷泉广场、冲天回旋滑梯、造浪池、宝贝滑梯、高速滑梯、大喇叭滑梯、主题花果山、室内水疗馆、表演舞台等。

第三节　玉环漩门湾湿地公园

黑脸琵鹭

玉环漩门湾湿地公园位于乐清湾东部、漩门湾畔，与雁荡山隔海相望，地跨楚门、清港、芦浦、龙溪四镇及海山乡。公园规划总面积31.48 平方公里，其中近海与海岸湿地面积7.06平方公里，河流湿地面积0.42平方公里，沼泽湿地面积7.42平方公里，人工湿地面积13.7平方公里，湿地率90.85%。漩门湾湿地由近海与海岸湿地、河流湿地、沼泽湿地、人工湿地等4类9型的湿地资源组合而成，类型丰富并具有典型性。2008年9月成为全国围垦工程中唯一的国家级水利风景区；2011年12月被国家林业局认定为国家级湿地公园试点建设单位，并获"中国生态保护最佳湿地"称号；2012年6月列入浙江省生态文明教育基地；2013年6月列入全国首批中小学环境教育社会实践基地。园内有鸟类137种，野生和栽培植物475种，其中列入《国家重点保护野生植物名录》植物15种，列入省重点以上保护鸟类31种，是世界濒危物种黑脸琵鹭和黑嘴鸥在中国的最主要越冬区之一。湿地公园按功能划分为生态保育区、恢复重建区、科普宣教区、合理利用区、管理服务区五大块。

海上长城　1080米堵坝和6200米海堤气势恢宏，犹如海上苍龙横卧于乐清湾碧波之上，形成内湖外海独特景观。

海上长城

鹰公数帆

鹰公数帆　鹰公岛原是漩门湾一座孤踞海中的小岛，后附身泄水闸与堤坝浑然一体，是漩门湾化沧海为桑田的历史见证。在鹰公岛附近的亭中或坐或躺，在欣赏日升日落、潮涨潮退、船进船出自然景观的同时，也会体验到鹰公常年沐风栉雨、截流挡浪、数帆引渡的艰辛。

鹰公水闸

水墨东方　湿地公园西侧，全长5公里，面积1800亩，其中水域面积1000亩。景观平台、休憩亭、景观廊可供观景及休憩。

荷塘听雨 湿地荷塘占地200多亩，建有观景木栈道、荷塘亭，供游人观赏休憩。尤其是雨天，置身荷塘，周边“大珠小珠落玉盘”，自然想起宋代理学家周敦颐的《忆莲》：“江南风景秀，最忆在碧莲。娥娜似仙子，清风送香远。”

荷塘听雨

故园花海 荷兰风情园占地面积68亩，以荷兰风车为中心，顺观景步道可观赏不同季节的花草景色（郁金香、油菜花、向日葵及各种花草），登亲水平台可观赏各色各样的锦鲤。

故园花海

古渡夕照

古渡夕照 深浦古渡水面宽850米，原为玉环境内连接港南与港北的交通咽喉。近代著名诗人王咏霓《浦口观潮》诗云：“分水山前日影低，漩门渡口鹧鸪啼。寒潮日夕两来去，莫道东流不复西。”1977年10月漩门大坝通车后，深浦渡被废弃。

芦花秋韵

芦花秋韵 金秋时节，成片的芦花竞相怒放，随风飘逸，自然形成巨幅壮观的《芦花飞雪图》。沿景栈桥达观鸟台，登高远眺，可感受百鸟齐飞的悠闲意境。芦花村（归田庄）总占地面积1.1万平方米，其中绿地面积1万多平方米，建有10幢休闲木屋。

芦花村

柳湾飞雪 垂柳湾水上迷宫由11个大小不等的岛屿组成，占地面积60亩，岸边垂柳依依，芦荡水道弯弯，如入迷宫，别有雅兴。

垂柳湾

绿心遗梦 碧桂园由10亩小岛和40亩半岛组成，园内种植金桂、丹桂、银桂、四季桂、红豆杉、樱花等，是品茶赏桂、岸边垂钓的好去处。

桃园晨雾 引种水蜜桃200多亩，以湖锦蜜桃、上海锦绣黄桃、中国糖桃为最。春天，满园桃花绚丽多彩；夏季，成片果子清香四溢，令人垂涎欲滴。

野鸭部落 广袤的湿地备受候鸟青睐，成群的野鸭栖息草滩、游弋水面、翱翔蓝天，俨然是一个鸥鹭比翼、百鸟和鸣的安居乐园。

野鸭部落

分水回流 分水回流是漩门堵坝前的一大奇观，也是前人津津乐道的美谈。清光绪《玉环厅志》记载："因乐清湾潮水东从漩门涨进，西从西青浦涨进，皆至山麓而止。东潮由东退，西潮由西退。"此处及附近还是土地革命时期红十三军政委潘心元被捕和就义的地方。

分水回流

文旦特色园 收获季节，文旦园硕果累累，成为一道亮丽的风景线，可亲临自选采摘。

文旦特色园

湿地科普馆

湿地科普馆 总占地面积418平方米。通过声、光、电等手段展示湿地、水鸟及湿地生态系统、红树林生态系统，让游人在娱乐的同时接受科普知识熏陶，了解湿地、认识湿地，进而爱护湿地、保护湿地。该馆也是生态文明教育基地和中小学环境教育社会实践基地。

第四节　龙溪动漫花谷

龙溪动漫花谷位于龙溪镇山里村，是中国美术学院雕塑创作营、上海大学美术学院公共艺术实践基地。景区以“慢生活、亲自然、更和谐”为理念，形成四季花田、恐龙谷、QQ农场亲子乐园、百年古树群、老炮台日出观景点、山里文史馆、乡村科普馆、艺术家工作室等观光游乐项目，是一个融艺术性、科学性、参与性为一体的特色乡村休闲旅游景区。龙溪动漫花谷于2011年建成。2012年举办中国（玉环）首届美丽乡村动漫文化节。2013年4月被公布为国家AA级旅游景区。景区拥有山里农庄、农家嘟嘟村、粗菜馆等一批地道农家菜馆。在这里可以住农家屋、吃农家菜、喝农家酒、干农家活、享农家乐，远离城市的喧嚣，体验淳朴的民风，感受自然的惬意。

花谷狮王

四季花田

四季花田　一年四季花开不断，花海美景浪漫绚丽，有矢车菊、油菜花、向日葵等。

恐龙谷　草木编织的霸王龙、雷龙、剑龙等造型遍布山谷，300多米长的恐龙科普知识长廊让人们了解恐龙特性。

恐龙谷

QQ农场亲子乐园 占地面积43亩，包括亲子菜园、亲子果园和亲子乐园三大区块。家长可以与孩子一起亲手种植蔬菜和水果，感受田园耕作的乐趣，促进亲子交流互动，提高孩子认知能力，让孩子在游戏中成长。

喜羊羊与灰太狼

百年古树群 在老炮台附近有10多株柞木、朴树等百年古木，虽历经沧桑巨变却仍然枝叶茂盛。

山里的早晨

老炮台观景台 昔日明代老炮台在见证戚家军抗倭雄威之后，历经600多年岁月沧桑，如今成为后人欣赏祖国大好风光的观景台。清晨可欣赏海上日出的壮观景象，白天可眺望从原玉环盐场向东海延伸的无限风光。

东海日出

山里文史馆 建筑面积200多平方米，上下两层，一层展示村庄变化、知名人物等内容，二层介绍美丽乡村建设历程及重大活动场面，图文并茂，音像配套。设有农家书屋，为村民业余文化活动场所。

山里文史馆

艺术家工作室 杭州四眼井青年旅舍掌门人王天鹏策划，上海大学美术学院等高校共同参与，通过对海岛石屋保护性开发，实现“乡村再造”。该工作室可提供个人摄影展及公共艺术创作。

艺术家工作室

乡村科普馆 拥有空气泡、电影原理、穿墙而过、击鼓共振等各种动手类科普展品及5D、3D、海底世界壁画等观赏类科普项目，集知识性、趣味性、参与性为一体，通过科普展品直观地学习并理解科学原理，融科普展览、演示、体验及科技教育、制作于一体。

乡村科普馆

学生体验乡村科普活动

第二章　公　园

第一节　玉环公园

玉环公园全景

玉环公园位于玉城街道，东至榴岛大道，西隔康育路与城关中心菜市场为邻，南临泰安路和长兴路东端，北依玉环大酒店、玉兴东路、青少年宫，占地面积约10.5公顷，是融观赏、游憩、文娱、健身、儿童游戏、展览、小型集会等为一体的县级综合公园。始建于1995年，1996年8月开园，2003年3月全面开放。玉环公园仿苏州园林设计，体现明朝庭院风格，讲究亭台轩榭布局、假山池沼配合、花草树木映衬、近景远景层次。玉潭溪和天开河分别从西、北方向成Y形汇入公园，贯通玉心湖。玉心湖为呈“心”字形的人工湖，处公园中心位置。回环的河道将整座公园划分为游憩区、游乐区、健身区、综合区四大区块，之间以大小桥梁连接，园内草木葱郁，季相调和，色叶、落叶与常绿植物陪衬，观叶、观果与观花植物相间，乔、灌、草、地被层次丰富，间或布置铜像小品，环境优美。

玉心湖

草坪

游憩区 公园正门朝西，门联由叶鹏撰联、卢乐群书写：“榴屿涌浪底，海近蓝染风颜色；玉环来霄外，穹低星沸天声音。”进入园内，迎面是红赭色石块垒砌而成的“巨龙腾飞”造形，紧依着一块大草坪。草坪中间建有春晖亭，东北侧建有书画院。紧靠书画院南墙是玉心湖，设游船码头。玉心湖东北角有假山，称火焰山。假山上建有养心亭。由假山南行过S形小平桥可达湖心岛，岛上建竹翼亭，继续向西过连心桥可达书画院。玉心湖的东南侧是玉环棋院。由玉环棋院向东是玉环公园标志性建筑琢玉阁，重檐飞甍，红柱碧瓦。正门楹联为刘艺撰联、骆恒光题写：“三山抱郭毓明珠，移嘉木，莳名花，缀翠羽丹霞，纳千峰云气，何处桃源，只在天涯胜地；二水环园含碧玉，造琼楼，置瑶阁，看苍烟落照，听万壑松涛，恰逢盛世，凭添海角芳洲。”

琢玉阁

游乐设施

游乐区 即儿童乐园。由游憩区过养心桥（石拱桥）或铁索桥均可到达，也可从东北部青少年宫旁的北门直接进入。娱乐项目有豪华碰碰车、豪华转马、小蜜蜂、逍遥水母、欢乐旅行、迷你穿梭、自控飞机、太空漫步（高空脚踏车）、摩天轮、豪华空中飞舞、太空飞碟、激战鲨鱼岛、森林探险、丛林射击场、6D动感体验、7D超级互动、亲子互动乐园（音乐魔盘、吃奶鱼、神枪手、大炮乐园）等。河边有石径连通激情广场。

健身区 即激情广场，是市民健身活动的场所。由游憩区向南穿过毛竹园经九曲桥向东即可到达，也可从公园东南部的泰安路入口经茶室和商场接合部过升平桥（木平桥）直接进入。

激情广场

综合区 即二号绿地。紧贴泰安路，呈狭长地带。可由游憩区分别过栖霞桥（木拱桥）和穿过毛竹园经九曲桥到达，也可以从泰安路入口直接进入。建有多功能广场、交谊舞池、休闲长廊，再向东南，便是茶室和商场。

海娃雕塑

茶室

九曲桥

第二节　玉环石榴园

石榴园全景

玉环石榴园位于县城榴岛大道东侧、玉城街道桃花岭村附近，占地面积4.93公顷。玉环古称木榴屿。1998年，石榴花被定为玉环县花，始着手规划建设石榴园，2001年3月基本成形。玉环石榴园是一座观赏性公园，全园植物以石榴为主，种植石榴大红袍等18个品种，配有紫薇、银杏、香樟、垂柳、桂花、榕树等60多种植物。从西向东划分为主入口轴线空间、山林草地空间、古石榴景区、海文化广场、石榴群体效果展示空间五个部分。

主入口轴线空间　正门原用汉白玉切成三块风帆造型碑座，分别雕刻林剑丹题写的“石榴园”三个大字，后撤。入内，8棵盆景式的百年石榴排列成行。轴线中心为石榴喷泉雕塑。

山林草地空间　周边雪松、冷杉、香樟等高耸树密植成背景，前景有红枫、白兰花、紫薇等三五丛植，中间围合成2000多平方米缓坡草地。

古石榴景区　百年石榴弯曲苍劲、错落有序，结合铺满大小卵石的旱溪，创造有山林野趣的空间。

海文化广场　融入玉环历史的文化广场，入口前景、背景碑林绘就耕海牧渔浮雕群，中央配造漩涡式植物色彩，前景配置罗汉松、樱花等灌木；背景配置日本木柳杉、本地大叶榕树、桂花等大乔木。

耕海牧渔浮雕

石榴群体效果展示空间　蝶径穿插在岛屿（大块石）、密林丛中，显示石榴的群体气势。并在孤、丛、群植的空间，以石雕形式，分别传播生态习性、观赏特性、经济价值、药用价值及名人赞美诗画。

石榴树

第三节　江岩岛森林公园

江岩岛又名狮子岛，因岛的形状像一只孤傲的狮子而得名，位于玉城街道西南面、乐清湾中南部，东邻小担岛、箬笠山，西邻大乌岛、小乌岛，南邻金鸡礁，北邻大担岛。距玉环本岛箬笠礁码头仅1海里。陆域面积1.6平方公里，由江岩头、马槽、山头和北塘4个自然村组成。岛上植被茂盛，风景秀丽迷人，是解放战争时期海上游击大队活动的革命根据地。整个森林公园按照“落霞与孤鹜齐飞，秋水共长天一色”的美妙意境，分为落霞园、孤鹜园、秋水园、长天园及草滩游乐区五大区块，可让游客亲身体验春赏鹃红樟绿、夏避烈日酷暑、秋尝鱼肥虾美、冬住岛上人家的乐趣。2006年开始，县政府投资建成300吨级兼靠500吨客货两用码头、280米长栈桥及近10公里游步道等基础设施，处进一步开发建设中。

碧水绿洲 江岩岛是玉环最富生态气息的海上小岛之一，森林覆盖率37.09%，绿化覆盖率98%，周围碧海绿水，成为乐清湾洋面上一颗天然的绿宝石。岛上有狮子岩、野熊洞、独落坑、仙人灶、百丈崖、仙狐洞、大岩坡、仙人床、戏台岩、石脚桶、马槽泉、老鹰叼顶、仙狐天狗、仙人脚桶等自然景观。

码头栈道

公园大门

沙滩

狮子岩

马槽泉

仙狐天狗

大岩坡

古树老宅 岛上生长着成片绵延不绝的亚热带混合林，有高大的樟树、挺拔的红枫、蓊郁的翠林，百岁名木古树伸展着茂盛的枝叶昂首丛林之间，一群群黑嘴鸥自由自在地在高大的树枝上打造着自己的安乐窝，有五子登科、丹凤朝阳等自然景观。岛上原住民迁离之后，留下了许多石屋，或聚或散，像是童话世界里的古城堡。

古树老宅

五子登科

丹凤朝阳

山间幽径　岛周围是一片远离尘嚣的静谧世界，一条条蜿蜒曲折的小径向密林深处拓展，林荫不仅遮挡住炽热的阳光，还构建了天然的氧吧。

山间幽径

对虾养殖

滩涂鱼塘　江岩岛海岸线长5.94公里，大片滩涂可供游人下海捕捉海鲜。沿岛周边分布20多个养殖点，盛产对虾、蛏子、血蛤、花蛤、黑鲷、鲻鱼等海产品，江岩对虾、江岩蛏子成为名闻遐迩的优质水产品。临海鱼塘是垂钓者的乐园，白沙滩是天然的海滨浴场。

养殖池塘

第三章　山　水

第一节　大雷山

大雷山又名大雷头山，位于清港镇北部，系雁荡山支脉，周围15公里。其山列有四尖、三支、一裙。主峰中尖海拔443米，系玉环最高峰。登中尖，可览玉环、温岭、黄岩、乐清、永嘉、洞头、温州各地。东支向东曲伸至安人山、灵门山抵东海岸；南支经九支田山、黄田山平岗数十里直奔田岙岭山；西支向西至泗头山，绵延10公里指向乐清湾。位于四尖正南下方的长岗山像山峦的裙子。大雷山岿巍峻峭，群峰峥嵘，既是玉环与温岭的分水岭，也是冬御寒风、夏拒热流的天然屏障。旧有葛元丹室、月照堂、黄龙开口和“狗屎堆”传说，尚存清虚宫、龙潭吐雾、凤凰展翅、十八曲、猪姆栋、竹夹坑、雷峰积翠、曲岭松风等胜迹。元进士陈高《入山》诗云：“入山惊道险，上岭觉天低。日碍危峰过，云依翠壁栖。幽花如血染，怪鸟学儿啼。避世须来此，桃源路已迷。”也有诗云：“流水岩头淌清泉，竹夹坑岙避暑炎。猪姆栋岭爬天梯，长岗山顶尝野味。身到雷山云海近，足立中尖胸怀远。更喜风门无夏日，一潭碧水映蓝天。”大雷山按照AAAA国家级旅游景区标准规划，建设融生态、健身、养生、休闲度假为一体的精品森林公园。景区规划总面积6.67平方公里，外围保护区面积5.62平方公里。

大雷山

雷峰积翠 大雷山山高林密，藏青纳翠。清陈梦选《雷峰积翠》诗云："似霭如岚映黛螺，大雷峰顶郁嵯峨。经年长带苍然色，不独清秋雨后多。"

雷峰积翠

竹夹坑飞瀑

竹夹坑

竹夹坑 位于大雷山南麓。此处山体陡峭，岩石嶙峋，瀑潭相连，竹木蔽天，百鸟争巢，兽迹斑斑。先前曾住过几户人家，以竹木为业，尚可见断壁残垣。沿坑筑游步道，直达大雷山景区。

十八曲 位于大雷山北坡，是旧时楚门、清港一带通往温岭的必由之路。三九时节，这里与地面温差甚大，往往是地面寒风乍起，这里已是冰天雪地。清陈梦选《十八曲》诗云："连年跋涉厌闲关，今夏行来十八弯。借问雷峰何处是，旁人遥指白云间。"另外，大雷山下有十八曲溪，此溪从竹夹坑到东溪头，流经18道弯，顺势营造出18个碧波潭，成群鱼虾嬉戏其中，是夏日里孩子们游泳摸鱼的娱乐天堂。

十八曲古道

猪姆栋

风台门水库

猪姆栋　系猪姆岽之误，岽为山脊。一说此处长满猪姆草（子母草）。子母草为野牡丹科草本植物，是一种用以归经的中草药，7月开紫花，通常三朵一簇。每当花开时节，猪姆岽紫花点点簇簇，令人赏心悦目。另说此处长满紫母冬。紫母冬为木本攀援状灌木，当地人称猪姆栋。其叶互生，花单生或多朵集生，成伞形花蕊，花瓣六片，覆瓦状排列，呈内外两轮，形似一个轮盘，尽管植株羸弱，花朵貌疵，但所孕育的后代浆果颗颗裹满种子，粒粒饱满壮实，被人视为母亲抱子的吉兆，是“子不嫌母丑，英雄何问出处”的最好写照。

曲岭松风　大雷山四尖的轴截面与横山岗头形成90度转弯。此转弯在左右高峰的对峙中形成一道缺口，北方来风由这里鱼贯而入，当地人称为风门。秋天风吼林啸，气势磅礴；腊月寒风凛冽，如刀割面。清陈梦选《曲岭松风》诗云：“曲径山深路欲迷，岭头高树插云齐。龙麟岁老天风度，十里涛声乱鸟啼。”

黄龙开口

黄龙开口　古称潮音洞，为一天然石洞。相传此洞直通南海，站在洞内可闻潮声隐隐传来。宋末抗金英雄曾在此洞避难，洞内神泉护其躲过追兵。此后，当地人若遇灾难都到此祈求观世音菩萨施予神水救苦救难。此洞已被山上泥石流所埋。不远处有一山隈，涓涓流水时隐时现，疑是神泉不绝。有人预言：“待到黄龙口开日，海隅雷山齐名山。”

狗屎堆 又名狗污袋，为水库名，位于大雷山西南坡山腰、长岗山肩头东侧。古时，祖居大雷山西南山麓的玉环柏台人与祖居大雷山东北山麓的温岭寨门人为争夺山水权闹得不可开交。后柏台人巧施“竹筒捣屎”一计，赢得用水权，故将此水库称为“狗屎堆”。柏台人有诗云：“东水说人杰，西木话连理。晾亭泊松涛，游人嬉山水。”

狗屎堆水库

凤凰展翅 从温岭横山登大雷山要经过凤凰岭。此岭及两边山体形状极象凤凰展翅，故得名。传说凤凰展翅上大雷山，引逗了东海黄龙，于是双双相向登临大雷山。有诗云：“凤凰展翅到，黄龙开口笑。龙凤来作客，雷公摆美肴。”

大雷山村貌

龙潭吐雾 大雷山尖有一深潭，以岩石为壁，泉水从石缝中溢出，清澈透底，水质甘甜。此处常有奇雾出现，晴朗的日子里突然从东海遁出一团云雾，经温岭石塘、寨门山沟至大雷山顶，笼罩整个山顶，当地百姓称“蛟龙入潭，腾云驾雾而来”。旱天，山下已是河底干裂、水井枯竭，而此潭依然碧水涟涟。当地人视其为“龙潭”，逢旱赴祷。

云山雾罩

第二节 峦岩山

峦岩山又名棋盘山，位于玉城街道沙岙与犁头嘴之间，海拔140米，属田螺基山东支山脉，紧靠泽坎公路，因“山愈秀而岩益奇，岩益奇而峦愈趣”而得名。据考，1.3亿年前，峦岩山发生过火山喷发，炽热熔浆形成红色、褐色、赭色、古铜色不等的凝石岩。由于受地壳运动影响，基岩多次错动、抬升，堆迭成孤秀石峰、幽谷洞穴，经节理发育、风化，形成众多似人似物、似禽似兽的造型地貌景石，古朴自然，各呈其趣，具有独特的观赏性和学术研究价值。峦岩山以知空寺为中心，寺内有莲花峰、通海洞、老鹰岩、双龟岩、蛤蟆跳水等景点；寺东有赑屃岩、乌龟岩、轿车石、无字碑、太监帽（济公帽）、戚继光平倭纪念碑等景点；寺南有蛤蟆石、石磨盘、白氏洞（仙人洞）等景点；寺北有龙门（已塌）、摇灵石、猴头岩等景点；寺顶有仰天龙、伏地虎、鸠头岩、鸭嘴石、片舟石、马头岩、马面鱼、双龟情深、开心馒头等景点。

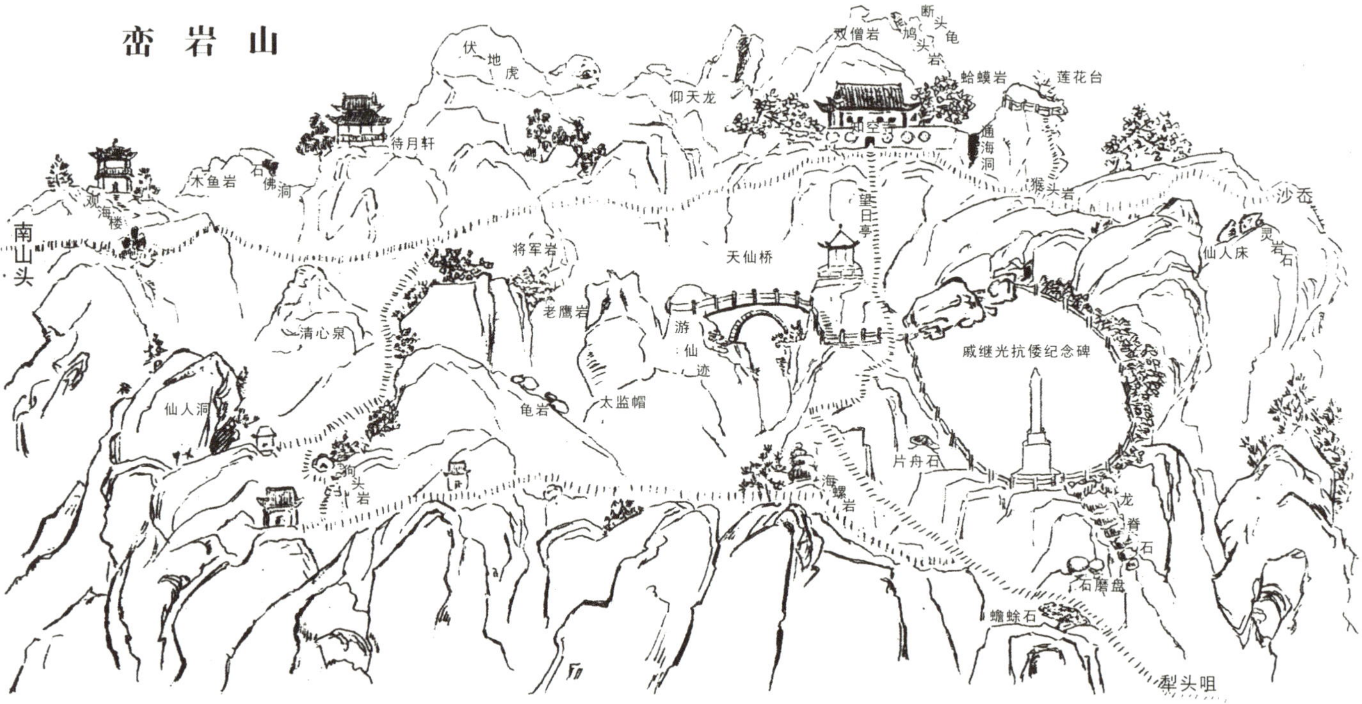

通海洞

通海洞 又称盘龙洞，位于莲花峰东南部下方。传说洞内曲折绵延，深不可测，直通东海，在洞口侧耳可闻海浪搏击和海风呼啸声，行家根据响声可判断海潮和气候变化。早年曾有探险者欲穷其源，均半途而废。1985年，有关部门作过试探性发掘，将填满洞体的泥沙和碎石挖到7米多深，发现洞体内壁巨岩重迭，石色深褐，多缝隙，曲折延伸如盘龙。洞体自上而下，由小到大，由窄到宽，弯曲形状各异，深邃幽奥。

老鹰岩 圆通宝殿西侧、放生池南边崖顶，一组巨石如雄鹰展翅，昂首山巅。西边有两块巨石，酷似两只大海龟，雌雄成对，一前一后。当地流传“乌龟将军好，山门把得牢。妖魔望着怕，野鬼见了逃”民谣。下方岩石幻化成两只欲跳入放生池的蛤蟆。

老鹰岩

双龟岩

蛤蟆跳水

赑屃岩 莲花峰顶上一巨石形似一只卸了重负的赑屃，显得格外强健。

赑屃岩

乌龟岩

太监帽 从知空寺南面看峦岩山东端，有一座拔地而起的石峰上尖下大，中间凹凸不平，多缝隙，酷似古代宫廷太监帽。民国江碧《太监帽》诗：“怪石玲珑逼肖人，喧传太监不无因。剩留一顶太监帽，那识唐臣和汉臣。”而从白氏娘娘庙看，却成了济公帽。

太监帽

无字碑

济公帽

白氏洞 又称仙人洞。山腰有巨石相倚而成的一组岩洞，背枕群峰，面对大海，相传为原始人居住洞穴遗址。附近建有白氏娘娘庙。

猴头岩

白氏娘娘庙

白氏洞

猴头岩 在沙岙上知空寺的路上看莲花峰上部，一个侧面的猴脸轮廓分明、栩栩如生，额下鬓后古藤蓑草横挂、蕨草箕杆蔓生。

摇灵石

斗笠石

石磨盘

仙人座

鸠头岩

仰天龙

仰天龙　峦岩山顶一列山岩如翘首云天的巨龙。民国江珍《仰天龙》诗云：“苍龙高卧傍冈边，翘首沧桑不计年。静待春雷惊梦起，排云飞上九重天。”

双龟情深

伏地虎

伏地虎　一列巨石状若猛虎，伏于山巅，瞭望四周，俨如峦岩山的哨兵。

雏鹰待哺

马面鱼

马头岩

片舟石

开心馒头

【古文选载】

峦岩山记

民国·江梅春

饱冰霜，经雨雪，历万古千秋，崭然壁立者，山也；累累山阿，挂藤穿薜，溪水潺潺，横傍古木而出者，岩也；岩之四围，积翠浮岚，千重万叠，望之嫣然入画者，峦也。旧志峦岩，一名棋盘，峦一作乱，无庸深考，极言深且秀，抑又奇，不平也。仰观则石如虎踞，俯窥则树若龙蟠。玉女峰面面玲珑，高插霄汉；老僧崖形容古怪，状欲搏人。他若松之苍，柏之翠，涛之吼，籁之惊，万安溪之澄清，双狮崖之高耸。落花随瀑布飞出，山钟傍石鼓交鸣，有令人心旷神怡、目不暇接者矣！其南，活观音知空寺也。寺傍崖而起天然，古刹右松左鹤，梵语喃喃，钟磬之声不绝如缕。前有莲花峰，高可三五丈，为之屏蔽，冬不寒，夏不燠。鼓勇而上其巅，下视群峰渺乎小矣！云树迷离，珠帘倒挂，奇奇者峦，怪怪者岩。有若艇飞海外，有若马行天空，有若韦驮高坐，有若老僧下拜。佐以晨烟为之笼，晚霞为之映，异草奇花为之淡抹浓妆，山愈秀而岩益奇，岩益奇而峦愈趣，此峦岩所由名也。山麓仙人洞，盘盘曲曲，遥通海东，风水吐有镗鞳声，惜无人至其下者。嗟乎！山灵笑我触尘网之重重，文字有知写奇峰之片片。

驱　虎　记

清·王　琏

盖闻山林薮泽，不逢不若，猗欤盛哉，非夫休明之世，曷克有此。玉环山孤悬海外，重峦复岭，绵亘七百余里。前此荆棘蒙茸，草木繁翳，狼、貐、豺、虎倚为窟穴。登兹山者，往往不寒而栗。岁丁未四月十月八日，予以协理玉环，再抵西青，忽见猛虎负隅，白额黧斑，厥状狰狞，凌风咆哮。余抚髀厉声曰："猛兽不速歼，民何以堪命！"麾下举枪围击之。始犹奋猎格斗，不胜阚怒。余鼓众并力搏刺，旋即中枪而毙。更赖圣天子洪福翔洽，惠爱元元；制宪李公轸念海疆膏腴尽辟，以故深要崇箐中有伏匿不出者，亦皆渡港远徙，人尽见之。自是山中晏如，田歌樵唱，遥应崖谷，俾榛莽硗确之区，皆成稌黍桑麻之地。余之书此，亦聊以纪一时之迹耳。

第三节　石峰山

石峰山又称石蜂山、藤巴山、仙人赶鸭，位于大麦屿街道。这座海拔300多米的休眠火山顶状若覆镬。据专家考证，在史前喷发过，成土年代不长，是华东地区唯一保存完好的火山遗址。相传古时有仙人驱海石筑寨城，被道破天机，海石落于此地，如蜂聚窝，故名。清苏海《石蜂山》诗云："当年驱石作蜂飞，谁向山前识破机？今日黄花开满地，蜂群攒簇石成围。成羊喷饭事依稀，一落空山久不飞。拟割蜂房收石蜜，是蜂是石未全非。"

石峰山

火山口　石峰山顶有一直径10米、深0.7米洼坑为火山口，坑底布满块石。火山口四周为高坞组灰黑色含角砾晶屑熔结凝灰岩，喷发角砾覆盖于高坞组上。喷发角砾内侧为角砾状橄榄玄武岩。向东南开口的火山通道，均为火山喷发时冷却凝固成的块石，尤其是密密匝匝、层层叠叠的玄武岩条石。山岩裸露的岩石面，玄武岩横向节理发育，呈现四角、五角、六角形状几何图案。

火山茶　玉环火山茶产于石峰山火山口周边的坡地，茶园占地700多亩。火山茶植根于含有丰富天然有机肥料的土壤，适逢玉环岛气候温和、雨量充沛、云腾雾罩、海风通透，茶叶品质较高，获浙江省农博会新产品金奖、浙江省绿茶博览会金奖、上海国际茶文化节特优金奖、"中茶杯"全国名优茶评比特等奖。尤其是"四月茶山春意闹，遍坡嫩绿茶色新"的时候，是游茶园、观山景、沐海风、话茶道体验独特海岛火山茶文化的绝佳时机。

火山茶园

石峰山庄 现为石峰山村部所在地，前樟后朴，古木簇拥；石墙青瓦，藤蔓爬壁；石径通幽，冬暖夏凉。北门垒石高筑；南门有战壕和防空洞遗迹，可俯瞰白沙岙，远眺鹭鸶礁；西门可见石峰山火山遗址。

石峰山庄

白沙岙

玉兔盗茶 石峰山西面牛场山半腰有一白色巨石，形如兔子，面朝石峰山茶园，隐身于草丛之中，疑是月宫仙兔下凡欲盗取玉环火山茶。

玉兔盗茶

龙岩宫 火山口遗址西南面山冈如游龙舒展，龙头处一巨石突出，岩下有龙额洞。此洞原隐没于榛莽丛生、藤萝缠绕的山林中，清雍正三年（1725年）偶被发现。洞口狭窄光滑，周围岩崖峥嵘，人只能趴着进洞，传闻通火山口通道。乾隆十年（1745年）在此建一草轩小庙，供奉花粉娘娘，称为龙岩宫，后几次遭火灾。光绪二十九年（1903年）重建龙岩宫。1995年扩建。

龙额仙谷 从白沙岙至火山遗址的石峰谷涧深林幽，怪石嶙峋，草木炫彩，溪流淙淙，梯田错落有致。谷中有石峰谷瀑布、仙人造塔、依恋岩、母子蛙、千年驼龟等景观。位于下潭（仙潭）的依恋岩前半部如美妇脸面向坎门微笑，后半部如狐狸脸。

石峰谷瀑布

母子蛙

千年驼龟

依恋岩

仙人造塔

【民间故事】

石峰山的传说

林名龙口述　林文满记录

相传很久以前，吕洞宾、何仙姑等八仙在参加王母蟠桃会后，顺道巡游四海了解凡间民情。

众仙路过玉环仙人山（今古城山头）上空，看到一群兵勇挖石造寨城。吕洞宾见众人挖石辛苦，便对众仙说：“他们造城如此艰辛，我去南海借些石头帮助他们。”也不顾众仙反对，径往南海借石。

第二天，东方刚发白，只见白沙岙沙滩一大群鸭上岸后向仙人山而去。过了一会儿，吕洞宾手提赶鸭竿，走到白沙岙溪边，见一村妇在洗衣服，就问：“大嫂，请问刚才有群鸭从这里经过吗?”村妇应道：“哪里是鸭？一批石头呗！”语音刚落，只见半山的鸭刹那间变成一片形状各异的石块。吕洞宾一看，大吃一惊，转身想找洗衣大嫂算帐，只见何仙姑在云头笑呵呵地说：“洗衣大嫂在这里呢。”吕洞宾无奈，只得将赶鸭竿往山顶上一插，驾云而去。

从那时候起，白沙岙西边山坡上堆满了一大片黑乎乎的奇岩怪石，这就是人们常说的“仙人赶鸭”。后来，何仙姑看满山都是石块过意不去，想起王母蟠桃会上观音菩萨送她的茶籽，便撒在石峰火山上。茶叶见风就长，漫山茶花飘香。

不知何时，山间石头堆里出现了很多野蜂窝，野蜂一群群满天飞，所以人们就把这山称为石蜂山。石峰山顶上还有一根独生独长的青竹，不知长了多少年，人们说那就是吕洞宾的赶鸭竿！

第四节　丫髻山

丫髻山位于漩门湾畔、楚门镇与龙溪镇交接处，又称大岩头、大山头。此山自金钿山过峡历椿坑奔腾而起，岗峦起伏，山岩峻峭，松荫苍翠，气势雄伟。

雪溜尖

南山公园　丫髻山北麓为山后浦。旧时通海，潮涨时海水溢入浦内，退潮时即变为淡水冲，浦里盛产鲈鱼，浦边居民十有九户以舟为家，捕鱼为生。清叶芝芬《南浦渔舟》诗云："曲折�岗活水来，渔歌唱和晚烟开。此中不减吴淞美，网得银鲈也四腮。"后在谷地上建南山公园，林木花果葱郁艳丽，石径宛曲回还。园内有凉亭、石轩、石碑、健身院、晨练场等，幽深静谧，景色魅人，成为人们健身活动的好去处。

南山公园大门

丫髻仙姑 从南山公园登丫髻山，路边有一巨大的岩石，边沿轮廓酷似一位头顶盘着发髻的道姑头像。

丫髻仙姑

牛尾马面

牛尾马面 丫髻山北坡路边有一组裸岩，近者似牛尾，远者如马面。

狮子岩 离牛尾马面不远处的草木丛中，岩头蹲着一大一小两头狮子，小狮子侧着面，大狮子注视着过往行人，似乎想说些什么。

狮子岩

仙窟遗迹 离峰下山腰里有一列裸露的岩体，上端石崖平旷处有三个光洁窟窿，形圆似桶，常年积水，传说仙人云游经此必在窟中洗脚，故称仙人脚桶。清陈奎《古崖仙迹》诗云："空山何代过仙人，石山重重足迹新。或浅或深留几个，不磨不灭历千春。双凫南去痕犹在，两屐西归迹未湮。惹得仙翁游兴足，芒鞋得得往来频。"古崖城堡围墙北面为天然而成的仙人洞，内有一井，泉水自崖缝冒出，甘洌适口，相传为仙人饮用之水，故称仙井和仙水。

仙窟遗迹

仙人脚桶

仙井仙水

五猫守天鼠 从长钓嘴坑上大山头道院，两岸青山有五处裸露的岩石虽然形态各异，但均具猫的特征，人称"五猫"。附近山顶裸露的岩石酷似老鼠的头，人称"天鼠"。让人联想起老鼠不守信用，与猫从朋友变仇家的故事，故称"五猫守天鼠"。

天鼠岩

第五节　百丈岩山

百丈岩山列位于漩门湾畔、芦浦镇与玉城街道交接处，也是漩门湾与乐清湾连接的唯一山脉带，自东漩门山始延至道头寿星山，接谢家山头转至凉山头、狮子岩头、百丈岩山，过尖山至乌岩山嘴，全长12公里。其间岗峦起伏，峰谷交错，山岩奇形，草木葱郁，有多处名胜古迹。主峰百丈岩山又称百丈岩头、玉台山，海拔309米。

百丈岩下田园风光

龙凤呈祥　驻足南朝永嘉郡太守谢灵运曾游历的谢家山头，举目向西远眺，现龙山宛若一条青龙自谢家山头漫游至井头下街，龙头在观音寺所在的山冈，龙尾在大塘岩红庙处；北面分水山脉像凤凰，凤头在莲花岙山山头。

龙凤呈祥

骑岩鸟 百丈岩山顶西北面有块石头形似站立的巨鸟，人称骑岩鸟。用力推它，石鸟会摆动。相传，此处原有雌雄两只石鸟，成精后，到山下稻田里偷吃稻谷，被雷公打死一只，剩下的这只雄鸟只好呆呆地站在岩头，再也不敢偷吃了。

骑岩鸟

百丈岩头

百兽祈福 大坑里百丈岩山南坡半山腰三仙庙东侧有一组岩石引人注目，百兽群像栩栩如生，左侧自上而下为老虎、大象、老山羊、小乌龟，中间有马驹、乌龟、小山羊、大海豹驮着小海豹、野猪、狮子，最后跟着母猪、犀牛顶着松鼠，其下方为蝙蝠洞，故称百兽祈福。

百兽祈福

狮子抢球 狮子山位于井头村上厂，酷似一头霸气十足的雄狮，山脚有一小山包呈球状。而对面便是现龙山，狮子担心龙会与其争夺此球，日夜守护着。

狮子抢球

大虫头

大虫头 又称老虎头，位于大坑水库下游300米处。有一山嘴岩石形似虎头，当地人称老虎为大虫，故称大虫头。离大虫头500米有一山形似野鸟，称为乌鸠山。附近有一天然山洞，常有蝙蝠（当地人称夜游）出没，称为夜游洞。

仙人脚印 百丈岩山山顶北面有一片岩石很平坦，曾被芦浦渔民作为晾晒鱼干炊皮的晒场，故称虾皮岩头。相传，此处曾有仙人居住过，岩石上留有石窝，故当地人称平坦的岩石为仙人眠床，称石窝为仙人脚印。不远处有座三仙庙，始建年代无考。民间传说，当年周六哥就拜此庙的仙人为师，学得一身好武艺。

虾皮岩头

【民间故事】

周六元帅的传说

张孝金口述　应祥广、方长富整理

相传元朝年间，乐清翁垟有一周姓人家，有六个儿子，家中十分贫穷。第六个儿子人称六哥，流浪到玉环，在大宅司官徐府做一名放牛娃。大宅司官家大业大，除长年、短工外，还有拳师看家护院，教习武功。六哥白天放牛砍柴，晚上在门外偷看拳师练功，学了一些拳术套路。百丈岩头三仙见六哥忠诚老实，聪明好学，就收他为徒，传授仙法。年长日久，六哥有没有武功，除了师父谁也不知道。

一日，后湾财主孙度仗势砍了大宅徐府山上的树木柴草。大宅司官闻报十分气恼，命家丁与孙家争山，但家丁都不敢上山。司官见没人敢去，对众家丁说："谁能争回山场，我将女儿五妹许配给他。"但还是没人敢答应。六哥见没人敢去，就毛遂自荐。

六哥来到山上，见大宅山场树木柴草已被砍光，一气之下跑到孙家柴山，用手拔倒大小树木一大片。孙家得知，马上派几百家丁蜂拥上山，准备械斗。六哥见状，拔把茅草当刀剑挥舞起来，杀得孙家人血流成河，横尸遍野。鲜血不仅染红了徐府山头，还喷到对面的山头。相传，后湾岭头和红山头两处血红岩石就是当时被鲜血染成的。

事后，司官根本没有许婚之意。六哥见婚姻无望，偷偷地去见五妹，诉话司官赖婚之事。五妹听了也感父亲无理，即提议两人连夜私奔。但是，两人出走的事被司官发觉。司官点起人马带领拳师捉拿两人。六哥见后面有人追来，立即抱起五妹腾空飞走，却被拳师飞镖击中，双双跌落百丈岩，当场身亡。司官便命人将两人合葬。

过了很久，六哥托梦百丈岩下一位老人，诉说自己的苦衷。老人为六哥建了一间小庙，供奉周六小生和徐小姐神像，香火不绝，求签问卜甚是灵验。后来倭寇作乱，老百姓惶惶不可终日，整天东躲西藏，想起周六哥生前练得一身好武功，能救度百姓，随即把塑像请至道坦。瞬间，只见周六小生金身冒汗，倭寇已逃得无影无踪。人们都说是周六哥显圣，赶走了倭寇，故改称周六哥为周大将军。

始建于清康熙年间的百丈村周六院

倭寇再次侵犯玉环时，官军前来围剿。两军对垒，各扎营盘。官军将领还在帐房里筹划如何破敌，帐外却响起一片厮杀声。探子来报：倭寇突遇奇兵，死伤大半，其余逃跑了。

官军得胜回朝，向朝廷奏明此事，都说没有另派兵马助阵。这时，人们才知道是周大将军显圣。皇帝闻奏，龙颜大悦，深感上苍救民之恩，立即拨款重建周六哥庙，重塑金身，御封周六为元帅，徐小姐为诰命夫人。

漩门湾的故事

陈冬玉口述　翁灵峰整理

很久很久以前，玉环和楚门连成一片，这里是一望无际的田地。

在楚门大山头的西山脚下，住着一位金老伯，有五个女儿，但是由于贫病交逼，四个女儿和老伴都相继去世，只留下小女儿金五娘。金五娘美丽而勤劳，日里随金老伯垦种捕鱼，晚上纺纱织布，父女俩相依为命，苦度光阴。

有一天，父女俩在沙蟹塘垦种时，金老伯因劳累过度，突然头昏眼花，晕倒在地上。金五娘急得无计可施。这时，正在大山头砍柴的青年长工王春听得有人呼救，就丢下板斧向山下奔来，二话不说，背起金老伯就走。

当时，习医治病的人不多，离楚门约有20多里路的玉环才有一位郎中。王春背着金老伯翻过两座大山，涉过一条溪涧，背得汗流浃背，气喘吁吁。每次到路廊歇息时，金五娘都递上手帕给王春擦汗，还端来清水给王春解渴……

事后，王春常常来看望金家父女，金家父女也十分感激王春。从此，王春和金五娘心心相印，互相爱慕。

有一次，金老伯又病了，想喝蛏汤，王春和金五娘就一同到海涂上捉蛏。突然间，只见海浪滚滚，浪谷中闪出一队人马。东海龙王三太子出巡归来，路过这里，见了金五娘的美色，厚颜无耻地前去纠缠。王春和金五娘强忍愤怒，急急避走。

第二天，龙王三太子竟派了侍从，送来了金银珠宝，前来逼婚。金老伯对来者说："我家世代贫寒，门楣低贱，怎敢与太子攀亲？再说，五娘早已许配他人，实难从命。"

侍从听了，大骂金老伯不识抬举。说着，就要动手强行抢亲。

金五娘急了，连忙走了出来，机灵地说："你敢动手？我要是喊叫起来，看你回得了水晶宫！"

侍从吓了一跳，只得满脸堆笑，口称："是，是，小的不敢妄动，遵听吩咐。"

金五娘叫他回去告诉三太子，不要再痴心妄想了。三太子听了侍从的话后，气得额头青筋暴跳，猴脸胀得通红，立即点起虾兵蟹将，直奔金家而来。

时值正午，金五娘正挑着饭桶和茶水，准备给金老伯送饭，还想路过王庄顺便给王春捎点吃的。她见三太子等直闯过来，自知躲闪不及，就抡起扁担迎战。

村里的人见了，有的敲锣传讯，有的跑上山岗点火报警。顿时，四乡锣声大作，喊声震天，王春和乡亲们闻讯急急赶来。三太子见了，就拉着金五娘慌忙退走。临走时，将令旗一挥，招来滔滔海水，把这块一望无际的田地沦为一片汪洋，使玉环成了与大陆分离的孤岛。

为了不使王春夺回金五娘，夺回这块田地，三太子就在出海的门户上抛下几只银环，变成了几个巨大的漩涡，阻挠船只通行。从此，人们把这个出海的门户称为漩门，把这条出海的港道称为漩门港。

截流后的漩门峡

娄真人降伏狐狸精

娄华堂、娄宣良口述　娄昌福整理

相传，芦岙娄家祖辈有个娄真人，道法高强，能除妖驱鬼，呼风唤雨，指物变化，经常为百姓治病、除害，众口皆碑。

有一年，深浦、漩门头经常发生怪事，有的人突发奇病，久治不愈；有的人独自走失，了无踪影，搞得地方不得安宁。原来是漩门头女儿洞的狐狸精作怪。这个狐狸精平时把红缎鞋晒在洞门口，变成漂亮的少女迷惑过往行人，害人性命。

娄真人得知此事，有心要灭掉这个狐狸精，为地方除害。到漩门头女儿洞拣回狐狸精晒在洞门口的一双红缎鞋。狐狸精知道红缎鞋被娄真人拿走，也要与娄真人斗法。

过了一天，狐狸精化作漂亮少妇到娄真人家，见大门里面有一只大虫张牙舞爪，十分凶恶。狐狸精吓得不敢进门，在门口试探地问："里面有人吗？这里是不是娄先生家？"这天娄真人不在家。娄夫人请狐狸精进门说话。狐狸精说大门里有只大虫很凶恶，不敢进去。娄夫人看是一个畚斗，答道："大门里只有一个畚斗，哪里有大虫，你放心进来。"狐狸精明白这是娄真人施的法术，便放心地进了大门。刚到堂前，见有一只狮子张牙舞爪把门，又不敢进门，高声对娄夫人说："夫人，中堂有只狮子把门，我不敢进门。"娄夫人看是一把扫帚，就说没有狮子，又让她放心进来。狐狸精就大着胆子走了进去。

娄夫人见是一位漂亮少妇，问狐狸精到她家有什么事。狐狸精说是来要回红缎鞋的。娄夫人就把红缎鞋还给了狐狸精。狐狸精拿着红缎鞋，听到里间有小孩哭声，用隐身法将娄真人的儿子摄到漩门头女儿洞里去了。

到了傍晚，娄真人回家不见小儿，问妻子有什么人来过。娄夫人说有一个年轻貌美的小妇人要回了红缎鞋。娄真人一听大惊失色，喊道："不得了，我儿有危险。"

第二天早晨，娄真人带上雌雄宝剑，领着长工，让长工挑着一担蜡烛，并嘱咐长工，到了女儿洞，不管遇到什么事，都不要说话。

女儿洞里一片漆黑，娄真人点起蜡烛，领着长工沿着洞壁朝里面走。狐狸精用法术把蜡烛摄走，而娄真人也施法术将蜡烛摄回。不知走了多少路程，还没有到底。这时，突然传来小孩子的哭声。娄真人知道是儿子的哭声，与长工都很高兴。这时，长工看看自己箩里的蜡烛只剩下一二根了，情不自禁地说："箩里的蜡烛快要没了。"这时，箩里的蜡烛真的没有了，孩子的哭声也听不见了，点着的蜡烛快要熄灭了。娄真人马上用嘴咬破中指，用中指当蜡烛，与长工急忙退出洞口。

当屿山女儿洞

娄真人口中念念有词，把雌剑插在女儿洞的门口。狐狸精被镇住出不了洞，但娄真人的儿子也没救了。从此，深浦、漩门头一带太平了，老百姓过上了平安的日子。娄真人留下的一把雄剑世代相传，百姓家有谁中邪或生病，只要拿这把宝剑在病人房中放一放，就会剑到病除，十分灵验。

不知过了几代人，这把宝剑不灵验了。据娄家上辈人说："这把宝剑因为治了一位生娘的病，被月里间的血腥气冲坏了。"

第六节　牛角坑

牛角坑位于楚门镇筠岗村，层峦叠嶂，奇石嶙峋，森林蓊郁，幽谷静谧，碧波映绿，流水潺潺。谷中筑有里龙潭、外龙潭、平坑口上中下三个水库。里龙潭水库淹没的地方原是港北胜境，有始建于北宋大中祥符元年（1008年）、占地2000多平方米的古寺济理堂，有被誉为“石林之胜”的众多胜迹。1958年建水库时，济理堂与部分胜迹被库区淹没。后平坑口水库内侧的永福堂改建为济理寺。

外龙潭与平坑口之间山涧，有一褐色的岩石酷似尽情吸水的青牛，人称青牛吸水。仔细观察，青牛少了牛角。而在外龙潭东岸的山岗上找到一只直指苍穹的牛角，真是牛气冲天。

青牛吸水

牛气冲天

在外龙潭东岸，有一块岩石呈刀形，下方一方形岩石中缝齐整，称刀砌豆腐。又有一组岩石，后半部分像一只猴子趴在海马的背上，称海马驮猴。移步换景，从整体上看，幻化成一只张口的狮子背上趴着一只大口朝天的石蛙，谓之狮蛙同歌。不远有一只金龟面对一只咬断头颈的钉螺，人称金龟食螺。附近还有葫芦岩等景观。

刀砌豆腐

海马驮猴

狮蛙同歌

金龟食螺

葫芦岩

高岗上有一岩石呈“L”状，酷似一把坐椅，疑是姜太公的钓鱼台。在钓鱼台下方的岗头，一只金龟面下正对着一只头朝上的硕鼠交头接耳，人称龟鼠岩。

龟鼠岩

钓鱼台

外龙潭西岸，裸露的岩石千姿百态：遥看整座山形，山顶呈一副张口的笑容，人称弥勒开怀。不远，有象卧高岗、狮吼虎啸、豹子下山等景观。

弥勒开怀

象卧高岗

狮吼虎啸

豹子下山

石牛纳凉

里龙潭深处，有一裸露的岩石像一头水牛伏卧在水库边，人称石牛纳凉。原济理堂和石林之胜淹没于水库底下。

龙潭水库

【民间故事】

济理寺的传说

相传在很久以前，楚门半岛连续十九年大旱，人们吃糠咽菜，苦度时光。东海龙女为解民间疾苦，私自到人间降雨赐福。

龙女在风景秀丽的小竹冈小溪源头，开辟了龙宫和行宫。龙宫和行宫之间的长长山坡，被龙女往返磨出一条坑道，坑底平滑，闪闪发光。后人把这三地分别称为里龙潭、外龙潭和龙游街。

不久，东海龙王知道后，下旨令龙女速回东海。龙女难违父命，依依惜别善良的人们，带着侍女，离开了山清水秀的龙宫。途中，她发现一虎一牛相斗于山麓，大片庄稼被破坏。龙女怜惜农家作物之心油然而生，毅然猛力冲向虎牛相斗处，呼啸着从梅岙渡入海。被冲死的虎卧于东，称虎头山，后建有虎头庙；冲死的牛伏于西，人们称水牛山。水牛头颈即是水牛被冲断的身首分离处。

人们怀念龙女，在龙潭边建庙宇以示纪念，取名为祭礼寺，后来改为济理寺。

第七节 五 门

五门位于沙门镇东部，原灵门村与大沙湾村之间有捕门山、小长兰山、大长兰山、西沙山悬踞海中，形成灵门、捕门、小门、大门、西沙门五个海口，故称五门。此处海岸怪石嶙峋，崖间幽洞遍布，中秋和台风时节大潮气势如虹，是观潮的好去处。清戴湘云《灵门山观潮》诗云："望洋乘兴试登台，屈指沧江几度催。万顷洪涛随日上，一行巨舰倚云开。气嘘蜃市层层列，流激鳌峰滚滚来。合与张骞同泛棹，乘槎指日到蓬莱。"1966年桐丽公社始筑五门塘，其间断断续续，至1983年由省围垦开发中心、县水利局、桐丽公社联合围垦，1986年12月大坝堵口截流。1987年按标准塘要求围筑新塘，总长2450米，被称为"海上长城"。

半边山岩景 半边山呈南北走向，西麓为灵门村，南边是紧依大海的悬崖峭壁。相传，古时候一灵蛇藏于此山，经常出来伤害人畜。玉帝得报派巨灵神惩除灵蛇，一个响雷将山体劈塌半边，灵蛇被劈得粉身碎骨，留下被烧成灰后的印迹。靠近西头山嘴有一山涧，海风劲吹，被称之为风门。离地面20多米处的山坡上有风洞，是拍摄日出和巨浪的最佳处。临海岩洞深邃，岩相千姿百态，有天狗吞月、雷劈灵蛇、雕驮金砖、鳄鱼戏幼狮、双牛戏水、通天洞等景观。山腰和山顶有20世纪50年代解放玉环沿海岛屿时留下的营房和哨亭遗址。

半边山

天狗吞月

雷劈灵蛇

雕驮金砖

鳄鱼戏幼狮

双牛戏水

【民间故事】

半边山与石孩子

干琴贤口述　薛金璋记录整理

很早以前，在埠门（今捕门）山上住着一对夫妻，有一个孩子。丈夫姓石名布，妻子姓林，生得十分标致。

有一天，夫妻俩牵着孩子坐船上街，将船停在灵门的海滩头。上岸时，碰到正在海滩上游逛的渔霸笑面鲨。笑面鲨见石布的妻子十分漂亮，野性发作，想抢去当老婆，立即叫狗腿子把石布的船摇回埠门山，系在风口浪尖头。

石布夫妻上街回来，不见自家的船，打听到有人把它摇回埠门山去了，心里非常惊慌。这时，海滩上有一只渔船刚拔锚升帆，石布跑过去劳驾船老大送他们回家。船老大说："女人不能乘渔船，乘了要晦气。"石布无法，只得叫妻子、儿子在灵门这边等。

石布回到埠门山一看，只见自家的船被风浪摔碎了。他伤心地大哭。这时，船老大恶狠狠地说："哭什么？跟我们出海去吧，出去碰上好运气，那白花花的银子一来，还愁没有船？只要你帮我们打鱼，老婆、儿子我们可以把他们接回来。"

石布万般无奈，只好依了船老大，把妻子、儿子安置好，次日就出海去了。自此一去没有音讯，石布的孩子常常去埠门山的北嘴头看看，只见渔船一只只驶进灵门，不见父亲回来。一天晚上，笑面鲨带着狗腿子把石布妻子抢走，5岁的儿子哭呀、喊呀，始终不见爹娘回来。他伏在埠门山北嘴的刀削礁上，永远地睡着了。多少年过去，海浪冲洗了一块块礁石，石孩子的头像石还是留下了。

再说笑面鲨抢走石布妻，石布妻宁死不从。她对笑面鲨说："只要让我看上孩子一眼，就依你。"笑面鲨就陪她到灵门东嘴的石滩上。她远远看见孩子的头影，两眼一黑，一头撞在灵门山的岩石上。只听"轰隆"一声巨响，灵门的半边山塌了下来，把笑面鲨压死了。

从此，民间留下了半边山与石孩子的传说。

通天洞

捕门山岩景 捕门山北侧与半边山相对处，有游龙出海、石蛙送子、岩头企鹅、小猪登山等岩景。

石蛙送子

游龙出海

岩头企鹅

小猪登山

西沙山岩景 大门大坝南端靠山处海中有一只金蟾伏卧在大岩石上翘首顾盼，附近海中有一大一小两只狮子狗在戏浪。沿羊肠小道往前走，山脚有一组礁石像一条想上岸的大跳鱼。移步换景，变成了一头大水牛，前面蹲着一头初生牛犊。山道外侧岩石酷似一头昂着头的巨蟒，边上有一只小乌龟沿着岩壁往上爬。不远处有一岩石，身体部分形似临风把关的将军雕像，却长着乌龟头。穿鼻洞径深约30米，洞高七八米，洞宽10多米，中部略窄，洞顶平圆，洞内宽敞高爽、明亮通透，冬暖夏凉，可容一二百人。洞外有黄、红、青、黑或黄白相间的岩礁，形态各异，有猴王把门、天狗看哨和独角神兽等岩景。

金蟾献宝

狮子狗

乌龟将军

水牛戏水

龟蛇恋

穿鼻洞

猴王把门

上山龟

天狗看哨

独角神兽

第八节　白马岙

白马岙位于干江镇东南部，东、西、北三面环山，南临披山洋。相传清康熙年间（1662～1722年），一南明将领遭清军追击，因慌不择路，所骑白马失足跌落岙坑，连人带马沉入大海。乾隆九年(1784年)，南下闽属商船不慎触礁，民间传言为白马冤魂所致，故将该礁石称为白马礁，附近山岙称为白马岙。

白马岙

黄金沙滩　背靠东凤凰山，向南面海，全长300米，涨潮时进深7米，退潮时可达20多米。沙滩呈斜面，沙质细腻柔软，颜色金黄。因沙粒中夹杂颗粒微小的石英砂，在阳光下金光闪闪，故称黄金沙滩。南风起，黄沙向下滑动；北风起，黄沙向上涌动，故有“活沙滩”之称。

黄金沙滩

海岸风光 白马岙海岸自然风光以黄金沙滩为中心，分为东、西两片，近海均有彩石滩。东片有金蟾献宝、狮子岩、落马涧、龟族大小、金猴拖车、雄狮守金舟、碧玉莲花盆、马槽、沙漠王国、青龙石、大珠小珠落玉盘、清莲池、葫芦洞、鲲鹏探海、将军岩等景观。西片有金库银仓、一剑双雕、猫兄虎弟、龟鳖投缘、断尾鲵与蛤蟆鱼、子孙满堂、四世同堂、仙人井、小狗候潮、龙脊石、青龙涧等景观。

金蟾献宝

狮子岩

金猴拖车

龟族大小

落马涧

碧玉莲花盆

马槽

沙漠王国

青龙石

大珠小珠落玉盘

清莲池

葫芦洞

鲲鹏探海

金库银仓

一剑双雕

猫兄虎弟

龟鳖投缘

子孙满堂

断尾鲵与蛤蟆鱼

仙人井

四世同堂

青龙洞

大观音礁路廊　位于白马岙村大观音礁自然村，建于20世纪50年代。路廊墙体为乱石砌筑，双通门，两坡顶，门外墙上方塑有五角星，建筑占地面积22平方米。路廊所在的道路南北走向，南连白马岙，北达东渔、断岙。

大观音礁路廊

石屋民居　黄金沙滩后背凤凰山上有许多临海而建的石屋，极具海岛传统民居特色，可供游人休憩、娱乐、自炊，体验农家生活。

石屋民居

第九节 鹭鸶礁

鹭鸶礁位于大麦屿街道东南端，南、西、北三面环山，东濒大海，门户洞开。村内双溪由西、北蜿蜒而来，聚合后汇入大海。海口有一礁石，正视如三口之家相依相偎，侧看却像一低头弯背顺潮踏浪归门的讨海人，与北山崖边盼夫石遥相对应。因礁石上常有鹭鸶或起或落、或歇或舞，颇为壮观，故名鹭鸶礁。

海角石屋

海角山野风光 鹭鸶礁村近海靠山多良田，山高林密，溪长水清。百年老樟携丛林坡草孕育天地灵气，青山绿水护海角石屋彰显古朴民风，尤其是山间的野生兰花对这个古老的村落情有独钟，漫山遍野四季馥郁芬芳。雨季，两溪瀑多气壮，特别是镶额南下之水如出天门，直下十余米，颇为壮观。入秋，漫山红叶，野羊戏跳礁岩。临海悬崖峭壁、奇岩怪石、浪涛拍岸、惊险绝美。靠近海塘陡闸内有70亩芦苇荡，外有上千亩可供养殖的滩涂。入村过白鹭桥，溪北岸有百年古刹杨府庙，始建于清乾隆五十一年(1786年)，为当地游氏家族用随洪峰巨浪漂流到鹭鸶礁海口的楠溪江畔杉木所建的庙宇，初为5间一字型建筑，至嘉庆二十一年(1816年) 扩建两廊及戏台。尚保留四合院结构旧貌。

潮头踏浪

三条青沿海景观 坐船荡漾三条青南麓近海，悬崖峭壁历历在目，惊涛拍岸响声雷鸣。注视崖边礁石，有海神献宝、双象呈祥、神仙舞台、山神现身、心花怒放、水族大会、海马渡海、将军与美人鱼、点将台、战舰出征、将军已逝、蜡烛台、金蟾望潮、锁龟洞、朱雀洞、白鹭洞、风门洞等景观。位于三条青东端的牛头颈，如犀牛饮水，犀角微露，只要切合时机，还会欣赏到“颈现鹭鸶立礁头，野羊牛头坡上走”的景象。登三条青，可观赏到南麓海岸的海狗候潮、雁归巢、蛤蟆岩、蟹钳礁等景观。山上有摇舵石、食蚁兽峰等景观。

海神献宝

双象呈祥

山神现身

心花怒放

神仙舞台

水族大会

海马渡海

将军与美人鱼

将军已逝

战舰出征

蜡烛台

锁龟洞

白鹭洞

金蟾望潮

蟹钳礁

雁归巢

牛头颈

蛤蟆岩

海狗候潮

鹭鸶礁岙口景观 过海闸沿沙滩北岸前行，崖边有猴头石、蟾驮金龟（打鹿窿）、企鹅护巢（蛤蟆岩）、盼夫石、待夫居、群龟上岸、百兽听经、鱼跃龙门、岩头鸟与渡海龟、猪头岩、母子石、蝴蝶将军洞、鲳鱼送福等景观。再往前东行千米，有聋耳佛、龙潭等景观。龙潭位于白沙岙嘴山脚岩壁中部，为一天然水潭，潭口面积不大。据说，此潭原有10多米深，由于山上泥土碎石不断冲填，致深度不到3米。潭口岩壁上可见两条巨龙往返于大海与水潭的痕迹。向北翻一小山，可见山脚下岩壁间的蟒蛇洞。附近有一巨石，人称精卫盼归。再北行100米，向东眺望，可见五霓奔海源，又称五霓回头。

猴头石

蟾驮金龟

企鹅护巢

盼夫岩

待夫居

群龟上岸

百兽听经

母子石

聋耳佛

游龙潭

蟒蛇洞

精卫盼归

第十节　干家岙

干家岙位于沙门镇西北部，西靠大岗山，南携凤凰山（又称蝙蝠山），北挽龟岩山（又称方岩山），成U形向东门户洞开。龙潭溪与龙涎溪分别自西北和西南方向蜿蜒而来，至山麓聚合于凤溪沿凤凰山脚直抵村口，常年溪流不断，岸边溪柳成行，给世代干家岙人留下龙凤呈祥、源远流长的吉言。据《干氏宗谱》记载，数百年前，干姓先人自永嘉迁居于此，成为山村的开山祖师，故称干家岙。此山村林深树密，草木葱茏，与海岛渔村明显不同的是山上溪间奇岩怪石星罗棋布，一连串神奇的传说赋予山石百般灵气。

干家岙村

凤溪景观　进干家岙村顺凤溪而上，过村部行不多远，可见溪间布满灵石，有神龟回游、酒坛岩、千年狮王、羊石（雪豹下山）、狮子回头、鳄鱼吸水、小猪戏八戒、小狗过涧、猿头石等景观。

神龟回游

千年狮王

羊石

小猪戏八戒

鳄鱼吸水

小狗过涧

狮子回头

龟岩山景观 龟岩山又称方岩山。山脚有坐将军、站将军及将军头、将军帽等奇岩异石，当地传说，二将军因在为龙王押送财礼时延误时机招致杀身之祸。而站将军岩从正面看却酷似一只下山的玉兔。从坐将军前小道上山，可见蛤蟆石、元帅帽、观音岩、观音洞、观音桌、羊头石、猪狗同眠、左猴右象、乌龟翻身等景观。

站将军

观音洞

观音桌

猪狗同眠

左猴右象

山龟孵蛋

龙潭坑景观 从龙潭路上山，路旁有山龟孵蛋、下龙潭、龙潭飞瀑、老龙王、八字龙须等景观。溯溪而上，可观赏到峡口铺练、中龙潭、上山龟、游龙戏水、母龟护蛋、下山龟、龟鱼下山、虾石、鲳鱼石、霹雳峰、龙女洞、篗丝潭、龙王龙后、神雕石、金蟾戏水、双龟冲凉等景观。相传，一樵夫不小心将扁担掉入篗丝潭，没几天竟在冲担屿附近打鱼时拣了回来，才知道此潭直通东海。后来有人用丝线系着石头放入潭中，一篗的丝线放完还没个结果，深不可测，故称此潭为篗丝潭。传说龙王携虾兵蟹将上岸，都从此潭出入。有一天，一孝子上山打柴不慎跌入篗丝潭而亡，整个山村笼罩在悲痛之中。玉皇大帝为之震怒，便派雷公雷婆劈山填潭，导致刚要入潭的龙王和王后及众水族回不了东海，被搁在了龙潭之中。

龙潭飞瀑

老龙王

八字龙须

峡口铺练

下山龟

篗丝潭

神雕石

龙王龙后

仙人岩

龙涎坑景观 从龙潭路和龟岩山眺望凤凰山，可见仙人岩。龙涎坑多奇石，有马面鱼、虎头鱼、鸭嘴石、猪头石、回头羊、老鹰石、马头石、小狗戏鸟、小马老鸭、小狗守桥、千年神龟、龟鳖潭、土地公婆、龙涎潭、情侣幽会、百宝箱、旗牌岩、马头岩、将军头、相公帽、仙人罐等景观。仙人罐为四个天然的垂直石洞，洞口只有一拳头大小，最小的只有小学生的拳头那么大，内壁光滑，深浅不一。相传为仙人用来烧水的汤罐，故称仙人罐，不远还有仙人锅。

老鹰石

百宝箱

将军头

仙人罐

龙涎潭

情侣幽会

第十一节　后沙滩

后沙滩位于坎门街道后沙社区，南北傍山，向东面海，全长380米，进深290米，面积11公顷。沙滩坡度平缓，沙质细腻柔软，颜色金黄。两侧海岸布满奇礁异石，景观独特，别有风味。后沙海域属正规半日朝，一日两次高低潮，潮差平均4米，变幅0.25米，最低潮位0.2米，是全开放的天然海滨浴场和风季最佳观潮区，适宜帆板冲浪运动，为省帆板队训练基地。夏季，到此游泳嬉水的男女老少络绎不绝。入夜，堤岸海鲜大排挡、露天茶座更为游客品尝海鲜、摆酒观潮、举杯临风备添雅兴。

南岸景观　后沙滩南岸有一组礁石，右边如一位昂首挺立的将军，面对翘首待命的大龟和一头伏首听命的海狮，称为龟相领旨。附近有一片礁石，上半部前面为一位哭丧着脸的男子正面头像，后面为一位侧身注视男子的女子头像，身边还露着一个大龟头，下半部分靠海处为伏迎的群蟾，称为龙女别恋。

龟相领旨

龙女别恋

双屿礁景观 离后沙滩不远靠近北岸的海边，有成T形的海沟，将成片礁石划成两块，称为大屿礁和小屿礁，波涛奔涌，水深流急。高潮位时海沟深达10米，大屿礁和小屿礁淹没水中。大屿礁西边有一条形礁石，前半部如张口咆哮的老虎，后半部如仰望苍穹的龙头，称为龙虎把门。大屿礁靠近小屿礁的海沟边有一高耸的礁石，乍看如一只头粗尾尖的大海螺。注视头部左侧上方突出的岩牙形似山羊头，顶上有一只海狮趴在岩头，称为海狮戏山羊。后边有一巨石如抬头望天的海狮，称为海狮望月。

龙虎把门

海狮戏山羊

许家山麓景观 许家山南麓有一大鱼池，靠山一边底部有一组礁石如一女子面对着梳妆台，称为龙女梳妆。鱼池东边靠海处有牛头龟身、天狗守猴王、海神沐浴、河马弄潮、双龟盗印、群蟾上岸、鱼头熊掌、狮头石、海豚藏身、水族三友、狮狗嬉戏等景观。

龙女梳妆

牛头龟身

天狗守猴王

海神沐浴

河马弄潮

双龟盗印

群蟾上岸

海豚藏身

水族三友

狮狗嬉戏

前台岙口景观 眺望前台岙口，有一横卧海岸的礁石，从左边看是一头上山的巨龙，前面还有狮子引路；从右边看是一头下海的鳄鱼，还有小狗作伴。而在巨龙的背上有一高高矗立的巨石，从左边看是观山的狮头，从右边看是看海的象头，人称双面神兽。

双面神兽

第十二节　大龙湾

在玉环岛南部，龙尖山奔腾而来，直至海边又突然昂起，成了百姓心目中的龙头。据说每年三月三，海豚及其它水族都要成群结队地到此朝拜龙王。又因山上巨石耸立，俗称大岩头。此山包与横趾岛形成宽大的海门，为福建、温州通往宁波、上海的水路交通隘口，称为大岩头门。此处海域宽阔，最深处达海拔-104 米，为天然避风泊地，古称梁湾，当地人称大龙湾。清光绪《玉环厅志》记载：“其为玉环门户者，则有若坎门、车首头、梁湾、西青屿；又有琛浦为江南隘口，礁头当长屿首冲，是宜防。”梁湾自古以来为沿海防务要地。明嘉靖三十一年（1552 年），倭寇船泊梁湾，突犯乐清石码、蒲岐、下堡等处。倭寇曾在大岩头开采铁矿石，运到陈岙里铸造兵器，至今新园村部东面留下铁渣痕迹。民国 30 年（1941 年）4 月中下旬，日军舰队侵占梁湾，军舰增至 17 艘，其中小型航空母舰 1 艘，舰载战斗机 8 架，封锁乐清湾和瓯江口，对玉环及其周边地区进行狂轰滥炸。大龙湾是日军侵华的历史见证。

大岩头怪石嶙峋，形态奇特。拾级而上，抬头仰望，一巨石高高耸立于山顶，与山体形成一道狭长的山门。过山门回首注视巨石内侧岩牙，俨然是把守关隘的将军头像，大有“一夫当关，万夫莫开”的气势，人称将军把关。

首道山门

将军把关

第一道山门前方靠海处有一孤立的礁石，人称玑珠礁。传说东海龙王奉旨巡海到此，痴迷于大龙湾的青山绿水，将龙珠置于孤礁顶上，尽兴沐浴，不想遭飞天蜈蚣扰劫。争斗中，龙珠又落入海蚌之口，不肯相让，回不了东海，只好藏身于大鹿岛的深潭中。不知何时，来了一对灵猴夫妇，也期盼有朝一日偶得龙珠飞天成仙，一只长年默默守在玑珠礁上，另一只藏在七声锣海峡东侧岸边。之所以称其为七声锣，是因为落石于峡中弹击两岸岩石会发出近似锣响的声音。无独有偶，附近另一个山巅也守着一只痴心的玉兔。

七声锣海峡上方有一个山洞，人称九金洞。传说洞中藏着金香炉、金凳子、金茶壶、金盆等九件金制器皿，金库唯有一把钥匙在一位小孩身上，要想打开金库非此人莫属。

玑珠礁

玉兔石

七声锣

九金洞

从第一道山门继续向上，路边两头海豹旁若无人地在顶球玩耍。不远处，一头老虎与一只神龟相对含情脉脉，长相厮守，人称虎（富）龟（贵）万年。

海豹顶球

虎龟万年

第二道山门两侧岩石形似两位守门的老将，仿佛面对面交流。附近平台边有一组岩石，酷似一对观赏海景的夫妇，丈夫身后还背着两个弱小的孩子。

老将守门

夫妻观景

绕过山顶的灯塔，穿过一片丛林，山间有一可居住的岩洞，因从前有游僧在此居住，人称游僧居。立足大岩头东坡眺望西边的山嘴，山形幻化成一头呲牙咧嘴的猛虎直面大龙湾，成了大龙湾的守护神，长年累月护卫着这块神圣不可侵犯的领地。附近山脚还有方肉石、狗头虎等景观。

游僧居

老虎岩

方肉石

狗头虎

大岩头东边，山崖壁立，人称板墙岩。半山腰有老鹰窝，从前常有老鹰藏于洞中，伺机偷袭附近村庄的家禽，被村民用柴火轰走，至今不敢登门造次。山脚有许多被海浪冲蚀成奇形怪状的石块和岩礁，如龙头石、灵芝石、石莲台等。

龙头石

老鹰窝

灵芝石

石莲台

金蟾朝山

大岩头以东有一金沙滩，沙滩东边奇礁密布，有金蟾朝山、迎夫归航等景观。

第十三节　龙潭坑

龙潭坑又名龙潭溪，位于玉城街道三合潭，源发玉环岛最高峰田螺基山，出口即三合潭文化遗址。峡谷曲折幽深，周边层峦叠嶂，林间草木葱茏，山坡野花竞放。

五峰拱寺　龙潭寺群山环抱，东有挺拔峻秀的狮子峰、猫狸峰，西有危崖陡起的金鸡峰、罗汉峰，北有如垣似壁的玉屏峰，五峰分分合合，却是一脉相承，并肩护卫着历尽坎坷的龙潭寺。龙潭寺东有跨潭飞架的集贤桥，过桥逾岭直通城关。从寺后拾级而上，可达三合潭背里阴岗，岗头建有积善堂。龙潭寺山门楹联“龙游玉峰山势秀，潭流环海水源长”道出了龙潭坑山青水秀的自然景观。

五峰拱寺

龙潭深谷　龙潭坑中段山坳水潭既有长潭和圆潭之别，又有内圆潭和外圆潭之分。内圆潭面积略大，三面峭壁，深不可测。传说曾有牧童用18根牛绳相接悬石下沉，难以着底。游人投石于潭中，发出轰然巨响，空谷回音，经久不息。民间传言此潭有神龙潜藏，龙潭坑因此得名。过去逢旱，民众成群结队到“龙潭”祈求龙王降雨。传说民国三年（1914年）逢大旱，县城西门一老人夜入深谷舍生求雨，感动上苍，当夜大雨倾盆，解除了旱情，致龙潭坑声名远播。

龙潭飞瀑　龙潭溪水长流，大旱不涸。上游一帘瀑布，水雾如烟，茫茫缥缈。尤其是大雨之后，溪水从山口直泻而下，蔚为壮观。

环山绿湖　龙潭坑蓄水成湖，澄如明镜，青山纳天光融于碧水，绿树招云影投其怀中。

环山绿湖

第十四节　田螺基山

田螺基山又名田螺尖，位于玉城街道中西部，山顶建有电视发射塔。清光绪《玉环厅志》记载："螺峰尖山一名田螺尖，在西青山之西，雄镇海上，西南诸山胚胎于此，劈流分支，联络不绝。北下为九厅基；东下为大岩头，上有仙迹亭；南绕为枫树坑；西南为出水窟。冬时山顶积雪，望若瑶峰。黄维诰拟为海外峨嵋。"古时，普青至县城古道经过田螺基东坡路廊。南坡三岔路口有骑马石。离古道不远有建于清光绪年间（1875～1908年）的陈府侯王庙，庙内一眼泉井常年不枯不竭，水质清洌甘甜，上山取水者络绎不绝。

田螺基山顶

骑马石

改建后的普青至县城古道路廊

陈府侯王庙

出水窟

【古诗选载】

田螺尖行

清·庞鸿翥

昔余未遨游，胸中有邱壑。
非必无宦情，人生须行乐。
所以桃李园，念及古秉烛。
当其乘兴行，亦惟日不足。
观海记十洲，看山饱五岳。
矧我桑梓乡，青峰攒近郭。
叠嶂成螺旋，奇形皆玉削。
缥缈白云中，长松巢飞鹤。
我来登危巅，愿与林泉约。
行行莫忘归，红日西山薄。

第十五节　双峰台

双峰台又名双峰山，位于玉城街道西滩村，海拔225米，南自文笔山盘绕西来，发脉于田螺基山，系玉环岛第二高峰。古时山顶有双峰石台，故名双峰台。此处地势险要，登高可俯视乐清湾至瓯江口洋面，建有烽火台、营房，所以又称烟墩岗。山顶有高耸入云的双塔，后圮。原建于清光绪初年的道观改建为清福寺，尚留有和尚坐关的禅房及道观遗迹。

双峰台远景

古道观遗迹

和尚坐关处

清福寺

【古文选载】

双峰台记

民国·江梅城

出城西三五里，有山壁立千寻，峰插霄汉，环抱普竹数村，超出中东两山邑江之名胜，辟山水之奇观。岩石玲珑，峰峦耸翠，盘盘曲曲，层折而上。仰观星斗，朗若列眉；俯窥云霞，横锁天半。望之窈然深、蔚然秀者螺尖山也。

由螺尖旋折而东，蓬蓬勃勃，势如黄河九曲倒泻而来。平空涌出一峰与之对峙，颜曰双峰，高逊螺尖而灵秀驾之。忽而铃鸣，忽而铎和；忽而涛吼，忽而籁惊；忽而草色平分，忽而夕阳返照；忽而苍松滴翠，荫落三□；忽而劲柏摇青，浓遮四面。飞来天外奇峰，露出林间双塔。铁马丁冬，东西互响，竹韵萧瑟，上下悠扬，有令人目遇成色耳接成声者矣。既而金乌西坠，玉兔东升，婆娑放光，人在鉴中行，有古刹不知创自何年，老木森森浮盖其上。登高四眺，月朗星稀，夜漏无声，银河耿耿，而峰之灯影遥遥相接，益神游南海之落伽佛顶焉。

其西南尤多美地，一带平坦，可栽桃柳蔬果之属。时值初春，莺花万树，白雨跳珠，溪流有声，古称洞天福地不为过也。惜住此山者，人民稀少，寥寥若数点烟，虽有佳境，湮没无传。安得渔人再入桃源，问津前路，偕黄发垂髫，日与把酒鬯饮，叙年齿，谈古今，话桑麻，问秦自汉及魏晋也耶？

（转载自《山前江氏宗谱》卷之二）

【古诗选载】

双峰山访李道士

清·陈在溶

扪葛攀萝访赤松，白云青嶂路千重。
波涛缥渺天风冷，此是蓬莱第一峰。
四周紫气满松杉，笑逐青牛上碧山。
我亦蕊珠宫里客，落花懒扫谪人间。

【史料辑录】

玉环境内岛屿分布状况

玉环岛礁众多，集而成治。中华人民共和国成立以来，已有大麦屿、鸡蛋山、夜游洞、玉环岛、苔山、老鼠屿、猫儿屿、当屿、馒头屿、捕门山、大长兰山、小长兰山、西沙山、浦口屿、鲎尾屿、小青岛、鹰公岛、大风屿、冲担屿、饭毕屿、墨鱼屿头等21座岛屿成陆，尚有43座，其分布区域为：

浪屿

玉城街道（2座）：江岩山、小乌岛。

坎门街道（6座）：内黄门山（小门仔）、黄门山（外黄门山）、叫人屿（坐门屿）、关帝屿、南排山、金屿仔。

大麦屿街道（4座）：金鸡岛、草捆屿、连屿内外屿、横趾岛。

鸡山乡（24座）：鸡山岛、园屿（虎仔）、大鹿岛、小鹿岛、前山岛（中鹿岛）、下前山（中鹿岛）、冬瓜屿、老鹰屿、前草屿、后草屿、洋屿岛、砚墨屿、披山岛、小披山、草屿、大洞精、小洞精、上老鹰、下老鹰、上琅当、下琅当、下小屿、茅草山、小茅草山。

海山乡（7座）：茅埏岛、茅坦岛、大横床、大青岛、鹰婆岛、大担岛、小担岛。

第三编

乡村古韵

【史料辑录】

玉环历史之最（二）

最早著书立说的人：林干。北宋崇宁初隐居乡间，闭门著书，自称木榴子，著《渊通》48篇、《覃思》13篇。玉环设厅建学宫后，入祀乡贤祠。

最早建筑的城：古城仙人山旧寨城。南宋建炎年间（1127～1130年）所置北监兵寨。

最早损失惨重的天灾：南宋乾道二年（1166年）秋分之夜，玉环岛风雨暴作，居民溺死、饿死及落海致死者数万人。天富北监千余家市肆皆尽。开禧二年（1206年），濮阳李宽知监事，始率民重建房舍，街市得以如旧。

官职最高的玉环人：戴明，竹冈人。南宋淳熙二年（1175年）进士，初任翰林检讨，累官至工部侍郎。淳熙十五年（1188年）任户部侍郎。绍熙二年（1191年）病故，光宗追封其为户部尚书、太子少师，并谥"忠肃"。

历代做官最多的地方：楚门竹冈。有南宋户部侍郎戴明，明吏部文选司郎中陈钝、刑部左侍郎陈璋、大名府同知彭俊、仙游知县彭昭等。

最早的书院：皆山书院。址竹冈寨东门，为南宋戴明创办，开玉环教化先风。

规模最大的抗倭海战：邳山之役。明嘉靖四十年（1561年），戚继光驻大雷山营岙，督率诸将水陆并进，会剿倭寇于披山洋等处，犁沉大倭船一艘，毙敌数百人。

最早的行政机构：玉环厅。清雍正五年（1727年）二月十日，浙江巡抚李卫发布查勘垦复玉环山布告，并于三月调桐庐知县张坦熊署理太平县事兼理玉环垦务，招徕太平、乐清、永嘉、平阳、瑞安五县平民，编立保甲户口。十月初八，李卫再次向雍正帝题奏垦复玉环山，十一月初五奉旨交户部议奏。雍正六年（1728年）六月，析乐清、太平等部分地，增置玉环厅，附温州府，此为玉环设治之始。时辖地周围七百余里，包括今玉环、洞头二县辖地，温岭石塘，乐清大荆、芙蓉、蒲岐、磐石及瓯海灵昆等地。十月初一，调入玉环营定额马、步战守兵丁899名，起支俸饷。

第一任玉环厅同知：张坦熊，湖北汉阳县人。康熙五十年（1711年）举人，曾任浙江富阳、仁和（今杭州市）、桐庐等县知县。雍正六年（1728年）升迁玉环厅同知兼温台玉环清军饷捕同知，在玉环任职6年，政绩显著，迁升后百姓于厅城建生祠以示纪念。

规模最大的城：玉环厅城。始建于清雍正八年（1730年），雍正十年（1732年）竣工。城墙高、宽均为2.4丈，周长961.55丈，城垛675个，门楼4座，水门1座，炮台4座，盘诘厅3处，东西月城长38.9丈。东至西城墙内外有护城河，接天开河。

第一部地方志：《特开玉环厅志》。雍正十年（1732年），首任同知张坦熊主持编成，共4卷。

第一位中举的厅学生员：林芳，楚门人。嘉庆九年（1804年）五月，玉环厅学宫落成。嘉庆十八年（1813年），林芳中举。次年登进士第。曾任湖北武昌知县，山西洪洞、石楼等地知县。道光二十年（1840年）病逝于石楼县官署。生前著《芷生诗选》等。玉环厅同知龙光甸于厅城南门为其建"科甲联登"牌坊一座，亲题对联："海角奇才无双品，环山共仰第一人。"

第一章　古镇渔乡

第一节　楚　门

九曲桥

楚门镇位于玉环县境北部、楚门半岛中西部，东邻沙门镇，南连龙溪镇，西濒漩门港，北接清港镇。南宋至清，楚门开设过皆山书院、龙津家塾、天香书院、玉海书院，出过林良旻、戴明、陈钝、陈璋、林芳5名进士，戴元贽、彭俊、彭昭、陈辅、陈猷、耿灿东、陈飞鹏7名举人。南宋户部侍郎戴明开玉环教化先风；明朝吏部文选司郎中陈钝坚拒馈赠，刑部左侍郎陈璋依法办案；清代澎湖总兵戴宪宗曾随施琅收复台湾；民国时期戴礼著书《礼记通释》等；当代叶鹏、叶文玲兄妹文学成就颇丰。明洪武二十年（1387年）设楚门御倭水军千户所，信国公汤和督建楚门所城。楚门古有东桥水月、南浦渔舟、西崖滴翠、北渚环流、中街鱼市、高阁文房、离峰红照、星沼绿波八景，当代有九曲桥晨曦、丫髻山长城、大坦里晨练、文化城晚唱、百联阁墨香、龟山塔夕照、济理寺风光新景，尚有灵山寺、济理寺、陈参墓、戴明故居、陈氏碉楼、东方中小学旧址等众多文物古迹，民间有抬阁、铁梗、蹈河船、五兽戏龙、滚八蛮、走马灯、外塘道情、鼓词等非物质文化遗产。2009年5月被公布为浙江省十大经典江南小镇。2012年6月被公布为浙江省历史文化名镇。2014年11月被公布为浙江省小城镇大文化示范样本。

楚洲文化城　位于楚门河中一自然形成的围渚上，始建于1995年，占地面积10亩，是一座具有江南园林风格的仿古建筑。2013年，由单一的一座780平方米的综合楼，扩建为两幢文化活动中心、休闲文化广场，并提升绿化景观品位，功能定位为曲艺交流基地、文艺演出广场、文化休闲中心，拥有10多支团队。除了开展形式多样、独具韵味的文体活动外，创新管理思维，实施公共文化服务社会购买计划，引进天宜社会工作服务社为市民提供免费的文化服务，并在文化艺术中心免费开展各类艺术培训，全面提升文化主阵地的辐射带动功能，打造“文化盛宴全民共享”文化嘉年华。

楚洲文化城

文玲书院外景

文玲书院 位于楚门镇环保路，始建于2010年底，2012年11月5日开馆。占地面积1万平方米，建筑面积3200多平方米，总投资1800万元，是一座集生态景观和本土人文为一体的园林式建筑，内设叶文玲文学多媒体展览馆、楚门图书馆、少儿阅读体验馆等，馆内收藏、展示了叶文玲50年来投身文学创作的人生历程和主要成就，其中出版作品共50多种、文集16卷。还开辟“讲坛”专室，可供文化学习和交流。石榴印社、楚洲书苑、《曲桥》编辑部均在此办公。

文玲书院内景

【史料辑录】

清代楚门八景

东桥水月　清张英风诗："畴将白玉盘，长向波心掷。往来桥上人，可望不可即。"过去的东升桥，是座古朴端庄的拱形石桥。每当皓月当空的夏夜，微风拂拂，桥旁垂杨依依，河面水波粼粼。一日辛劳的人们，坐在桥头纳凉聊天，赏心悦目。无怪诗人将圆圆的月亮映照在清澈的河面上，比作白玉盘掷向水波心，只供往来的人们看望而不能去接近它。

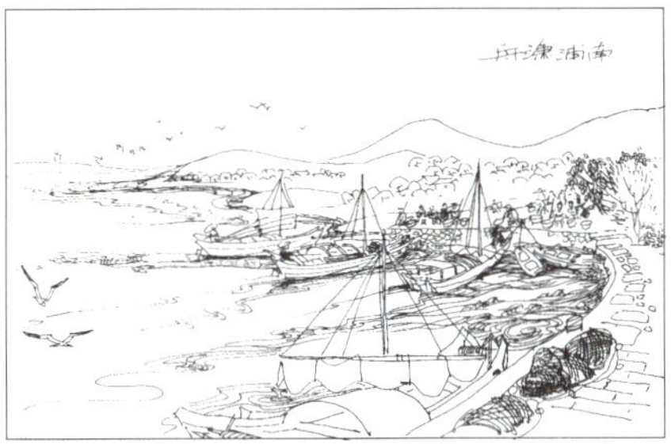

南浦渔舟　清叶芝芬诗："曲折筠岗活水来，渔歌唱和晚烟开。此中不减吴淞美，网得银鲈也四腮。"丫髻山北麓为山下浦，现名山后浦，旧时可通海。这条浦一直通至楚门南门城脚，人称南浦。潮涨时海水溢入浦内，潮退时即变为淡水冲。浦内盛产鲈鱼，可与全国有名的吴淞江四腮鲈鱼媲美。当时此地十有九户以舟为家，捕鱼为生。

楚门镇全景

西崖滴翠 清张英风诗："郁郁复葱葱，西崖百草丰。天然图画展，倪米不能工。"西青山上原有天后宫，前面有一道石崖，岩陡数丈，百草丛生，藤萝蔓挂，一片翠绿。不论晴雨，水珠总是一点一点沿峭壁滴在石窟里，叮咚作响，声若弹琴。这样一幅天然图画，连元朝大画家倪瓒和北宋书画家米芾都画不出来。

北渚环流 清张英风诗："玉水本方流，璇源多圆折。知有骊龙珠，伊谁探可得。"楚门水洞门外的车路桥，过去是三孔石桥，人称三眼陡门。每当陡门开放时，流水激冲陡门前面的围渚，便分成两股，左右环折，波涛翻滚，哗哗有声，恰似白龙戏黑珠。

中街鱼市 清张英风诗："不问寅与巳，鱼鳞匝地摊。冯驩如客此，剑铗不须弹。"楚门闹市中心——十字街，早年建有一座凉亭，鱼鲜市场就设在这一带。"不问寅与巳，鱼鲜匝地摊"，足见楚门地处海滨，水产资源历来丰富。如果战国时孟尝君门下善于游说的食客冯驩到这里，看到这满街的鱼鲜，就不用按着剑把唱"长铗归来乎，食无鱼"了。

高阁文房 清叶芝芬诗："西山杰阁倚云开，双桂森森左右栽。静坐一编方展现，天香几阵透窗来。"楚门西青山，古时树木繁茂。山巅有文昌阁，上供文昌神，下为天香书院，即玉海书院讲堂。飞檐高卷，栋宇峥嵘。门前两侧石崖上有凉亭、石桌、石凳，是游人停息赏景、奕棋、吟诗作赋之处。园内左右栽有桂花树，当金风一起，幽香四溢，沁人肺腑，令人心旷神怡。

离峰红照 清叶佩蘅诗："海城凭藉镇南离，突兀撑天髻压敧。独占光辉红到顶，朝阳照早夕阳迟。"楚门南首丫髻山，俗名雪溜尖，今叫大山头。峰峦高耸，突兀撑天，遥望山巅像美人立于云端。早上，旭日东升，晨曦照耀山尖，五光十色；傍晚，落日余辉向山尖告别，绚丽多彩。

星沼绿波 清叶芝芬诗："制火泓联北斗形，春生鸭绿混萍青。耽看夜景寻池七，个个池中有七星。"楚门十字街成井字形结构布局，七口水池呈七星状分布街区，与排水明沟相连，外排入河。东门城隍庙边有天枢、天璇二星，北门旅馆为天玑星，谷水鲍家仓边为天权星，西南武圣庙后为玉衡星，玉海书院下为开阳星，山北镇海寺边为摇光星。

第二节　沙　门

沙门镇位于玉环县东北部，西连楚门镇，北接温岭市，东、南濒临披山洋，西、北群山环绕。沙门镇平原古为海洋，后积淤围垦成陆，镇驻地为山麓冲沙聚积的一块高地，濒海凹状如门，故称沙门。辖区内拥有千年古樟、银杏等古树名木，林网苍翠。五门沿海、干家岙、水桶岙遍布奇岩怪石，幻化出一个个似是而非的民间传说。日岙海湾彰显沙门豪放情怀，小闾水库展示沙门能容胸襟。司边土城虽已看不到刀光剑影，但依然令人浮想当年壮观的抗倭场面。软蟮小屿一直默默无闻地趴在路边，但每时每刻都会催发人们对美好往事的回忆。

灵门渔港　港地面积4.8万平方米，港池及航道疏浚9.5万立方米，可停泊渔船250艘，集渔船停泊、水产品加工、渔品集散、旅游观光为一体。

灵门渔港

狮子岩　原位于捕门附近的滩涂上，在回填五门滩涂时被保留下来。从东南方向看，酷似一头昂然回首、虎虎生威的雄狮，催人振奋。

狮子岩

日岙鹅卵石滩

日岙鹅卵石滩 位于沙门镇东北部，与温岭石塘遥相对望。整个海湾呈“W”型，海岸被浪潮冲蚀成壁立的黄土高坡。北岸山麓有巨石形如鳄鱼，探身入海。鹅卵石分布在外山岙，为海水冲刷而成，呈青色，离海越近鹅卵石越小而密集。总长700米，宽30米，分布面积2.1万平方米，坡度平缓。

小间水库

小间水库 位于玉环县境北面，与温岭市交接处，始建于1964年。1975年至1984年5月对大坝进行加高加固，并在右侧山体新开挖侧槽式溢洪道。1992年12月至1993年12月对下游渠道进行配套建设。2004年4月至2005年9月实施除险加固。流域内以山区为主，集雨面积4.268平方公里，水库正常蓄水位35.3米，相应库容248.5万立方米；校核洪水位37.09米，相应库容293.7万立方米，是一座以防洪、灌溉为主，结合城镇工业、生活供水等综合利用的小（1）型水库。水库周边群山叠翠，碧波映绿，景色秀丽，环境幽雅。

软鳝屿

软鳝屿 位于沙门镇双斗村双屿。呈东西走向，西高东低，长70多米，形似软鳝（即蜥蜴）。整座小山包裸露蛋青色岩石，石质坚硬，是夏日纳凉的好去处，被当地村民视为护佑一方的“风水山”，不允许开采。

第三节　鸡　山

鸡山乡位于玉环岛东面海洋中，由鸡山、披山、大鹿、洋屿等24座岛屿组成，海域面积1500多平方公里，陆地面积仅8.76平方公里。东南是披山渔场，西北离栈台码头2.8公里。明代，披山洋一度沦为倭寇出没之地。嘉靖四十年（1561年）夏，戚继光部将胡震率水师于披山洋犁沉大倭船一艘，毙敌数百人，取得邳山之役大捷。土地革命战争时期，这里成了红十三军二团海上游击队活动的据点，洋屿岛上尚存应保寿当年脱险的关帝庙。抗日战争时期，日军扼守披山洋，把持东南沿海水路交通要道，留下了斑斑劣迹。披山岛南岙墨鱼洞是海匪陈小桃部抗击日军的最后归宿，也是日军毒杀中国百姓的历史见证。1950~1955年，人民解放军经过六年艰苦卓绝的战斗，击退了国民党残余部队一次次反攻，终于解放了玉环全境，留下了诸多战斗工事遗迹。

后岙武圣庙

清泉井

张兆岳三合院

鸡山岛上尚存古庙、古井、古宅等古迹。后岙武圣庙始建于清乾隆年间（1736～1796年），为四合院式二进两层石木结构建筑，坐西朝东，建筑占地面积313平方米，主供关羽神像。后岙圆头中岭的清泉井始建于清道光二十四年（1844年），建筑占地面积约5平方米，井边立一块小石碑，上刻“鸡冠山圆头中岭合捐建造清泉井道光廿四年阳月吉立　董事□□□”。1986年7月维修。后岙张兆岳三合院始建于民国23年（1934年）。坐东朝西，为三合院式两层石木结构，建筑占地面积94平方米。受海岛山坡地势局限，天井及整体建筑面积较小。房屋部分木构件花草雕刻和台门上灰塑花草图案依稀可辨。

鸡山岛全景

鸡山乡海岸线曲折，岬湾间布，基岩经海浪冲蚀形成千姿百态的海蚀地貌景观，海、山、礁、滩浑然一体。

鸡山岛东北部的青石礁附近有仙人岩、看家狗、硕鼠岩、青龙宝座等景观。圆头岙海滨浴场呈月牙形展开，水清滩平，沙细如粉。岸边有望夫洞，能蔽日遮风挡雨，可供渔妇候夫归航。戏台岩俗称平顶礁，状如戏台。右上方半山腰有一巨石左侧岩牙勾勒出面带笑容的美女头像，俯视戏台岩，人称仙姑看戏。周边海岸还有福贵临门、神雕岩、蛤蟆岩、猪头岩等景观。

仙人岩

看家狗

青龙宝座

圆头岙海滨浴场

硕鼠岩

戏台岩

仙姑看戏

福贵临门

神雕岩

蛤蟆岩

猪头岩

洋屿岛浅海处有狮子岩，相距 20 米处有舢板岩。最形象的数哈巴狗，摆出一副巡游归航的姿态。还有龙床、彩石滩等景观。

狮子岩

舢板岩

哈巴狗

龙床

彩石滩

中鹿岛海区是省级深水网箱养殖基地和无公害养殖基地，海上牧场和观光渔业引领人们真切地体验富有情趣的渔家生活。

中鹿岛

披山岛南岙墨鱼洞以南门礁为屏障，口窄内宽，深邃多弯。抗战期间，以陈小桃为首的海匪七八百人四五十艘船游弋于披山洋。但面对日军侵略，他们成了抗日海匪。民国 30 年（1941 年）6 月 23 日凌晨，日军出动七八艘军舰重兵围剿。而海匪四散隐匿于披山岛岩洞，易守难攻。尤其是陈小桃等隐藏的南岙墨鱼洞，任凭日军猛攻，安然无恙，最后却被日军用毒气弹毒杀。后洞口被沙石淤塞。

披山南岙墨鱼洞

洞精岛为无人岛，位于鸡山岛以东洋面，由大洞精和小洞精两岛组成，乱石层叠，树木不长。两岛之间以浅滩相连，总面积 0.78 平方公里。岛岸海蚀强烈，形成悬崖、深沟、岩柱、岩洞、拱桥等海蚀地貌。

洞精岛

【民间故事】

冲担屿与洞精岛

吴松林口述　潘善云整理

在玉环岛附近的东海洋面上，有两座形似馒头的小岛。两座小岛的中间都有一个差不多大小的洞，人们称它们为洞精岛。偏南的大些，叫大洞精；偏北的小些，叫小洞精。离洞精岛不远的栈头礁门前的海面上，还有一座细长细长的、形似冲担的岛屿，人们称它为冲担屿。关于洞精岛和冲担屿的来历，有一个古老的传说。

相传在很久很久以前，玉环岛与大陆之间就隔着一条很深很深的海沟。这里水流湍急，漩涡密布，大大小小的漩涡像一张张血盆大口，多少年来，不知鲸吞了多少生命。据说这些漩涡就是作孽的东海龙王布下的，并派有海神在这一带巡检把守。险恶的漩门在当地渔民的心目中成了一道难过的“鬼门关”。

再说经常出山云游的李铁拐仙师看到漩门给民间带来恁大的灾难，心感不安。这天傍晚，他偕同下八洞诸仙友去瑶台赴蟠桃盛会，想趁便带两座山去填了漩门。便和吕洞宾商量，不想吕洞宾却很反对，他说：“操这份闲心干什么？还是赶我们的路吧！”

这时，张果老出来说话了：“这又有什么不好呢？你去吧！不过，你可要记住，这事一定要瞒着海神的耳目，要在一夜之间就把漩门堵住，要不然，鸡冠山的报晓鸡一啼，海神就要出来巡检了，那时事情就败露了。”

李铁拐听了当即起身，到了南海的紫竹林中砍了一根毛竹，削成冲担，两头各穿上一座小山，急匆匆地向漩门来了。

李仙师哪里知道，这两座小山原来竟是善才、玉女的立脚石啊，直把他压得汗流浃背。他把拐棍又架上右肩，用手把着，另一只手吃力地抵着冲担，想分担点力，然而失去拐棍后，他走起路来就一瘸一瘸了，很不灵便。

当气喘吁吁的李铁拐挑着小山接近漩门时，看看天色还早。他正想腾出手来揩把汗，突然，在他旁边的鸡冠山上，一声嘹亮的鸡鸣声划破夜空，一下子，满山遍野的鸡都叫开了。管辖漩门的海神从梦中被催醒了，揉着惺忪的睡眼，操戈执戟来巡检了。铁拐仙惊慌之下定神一看，却见吕洞宾站在鸡冠山上，像一个顽皮的孩童做了恶作剧似的，正在抿着嘴笑呢！李铁拐猜想一定是他弄的鬼，一气之下把冲担一歇，两座小山扑腾地落在鸡冠山边。他举起冲担向吕洞宾掼过去。吕洞宾把拂尘一扬，哈哈笑着说：“老仙兄，这又何必呢？”冲担被扬到栈台礁门边落下来了。李铁拐心头真有说不出的气哟，怒冲冲地追打吕洞宾去了。

仙人一去不见回，东海上一夜之间却多出了三座小岛屿。

后来，有个风水先生乘着小船到岛上去看新鲜。看呀，看呀，他总算看出名堂来了。于是，冲担屿和洞精岛的故事就一传十、十传百地传开了。

第四节 海 山

海山乡位于玉环岛西北面的乐清湾中，由茅埏、茅坦、横床、大青、大担、鹰婆、小担7座岛屿及小青村组成。明洪武二十八年（1395年），迁蒲岐巡检司于茅岘（今茅埏），防御倭寇入侵。清初，南明将领陈文达退驻茅岘立寨养兵，伺机反清复明，留下南山寨城遗址。海山乡是土地革命和解放战争时期革命根据地。

海山乡一隅

南山寨城遗址

东头碉楼

南滩营房 位于南滩村，建于民国37年（1948年）。坐东朝西，石木结构，墙体用不规则石块砌筑，厚0.8米，共3间2层，建筑占地面积113平方米。二楼两侧及后墙开有椭圆形的射击孔，门、窗外墙上方塑有弧形图案，大门外墙塑有对联。原为财主家用作自卫防御的附属房。解放初期成为人民解放军部队和民兵的营房，1965年以后先后被作为学校、村办公场所，现为民居。

南滩营房

海山潮汐电站 位于南滩村，为全国最早的双库单向全潮蓄能蓄资水电站，1994年获联合国“科技创新之星”奖。始建于1972年初，1975年9月建成，分布面积0.3平方公里。1984年5月扩建西方庵水库，建成55千瓦蓄能电站。1986年12月实现单机全潮发电，并增装第二台75千瓦机组，年发电量21～24万千瓦时。1996年再次改造，换装新机组，扩容为2×125千瓦，年发电量33～38万千瓦时。

海山潮汐电站

第二章　海角风情

第一节　东　沙

东沙位于坎门街道东南端，东、南、西三面环海，与南排山毗邻，与鸡山、大鹿、披山、洋屿、洞头等岛屿隔海相望，面积0.22平方公里。明末清初，福建崇武、温州一带渔民常泊居东沙一带。清康熙二十二年（1683年），浙江东南沿海解禁，福建崇武、温州一带渔民陆续迁居此地，人丁渐旺，世袭海洋捕捞，成为以海洋渔捕为主的纯渔业村。因有人以鹰捕鱼，故称鹰捕岙。又因地理位置处玉环本岛东南海角，称东山。抗战时期，日军舰艇炮毁东山国民党军用无线电站后，从东山岙口登陆入侵玉环岛。后因地名与里岙东山重名，据其怀揽沙滩而改名东沙。2009年4月鹰东隧道和环海公路贯通，交通便捷。因建筑群落整体依山就势，错落有致，具有典型的浙南沿海和闽南民居风格，在蓝天碧海的映衬下气势壮观，故被称为“海上布达拉宫”。2012年被公布为浙江省第一批历史文化村落保护利用重点村。

东沙石屋群

一、石屋故居

东沙民居以石墙青瓦构造为主，依山就势，层层递进，体现典型的东南沿海建筑风格。远远望去，错落有致的近200座石屋遍布整座山坡，俨然是石屋群无墙展馆。这些建筑大多建于20世纪六七十年代，尚存几处上百年的石墙木架走马楼和四合院、三合院式建筑。四合院是东沙最古老的建筑。清同治六年（1867年），温州永嘉一陈姓农民为躲避沉重的赋税，全家迁居东山，农耕渔牧兼收，数年后盖起了这座四合院。

石屋故居

二、历史古迹

明代古井　位于东沙中路南侧半山腰，始凿于明代，常年不枯，成为东沙人取之不竭的源泉。

明代古井

三官堂

三官堂　位于东沙中路南侧（即东沙社区服务中心东侧），始建于清代，后改建为石木结构。三官堂是东沙的保界庙，渔民每次出海捕鱼都要到三官堂点香，祈求平安。20世纪末，三官堂成为东沙渔民活动场所。

普安灯塔　又名东沙灯楼，位于坎门街道东沙社区东沙头山岗东南角，东、南、西三面临海，西南方与南排山岛隔海相望。民国2年（1913年），史火顺在东山头小屋用桅灯引航，首创玉环简易航标。民国14年（1925年），钓艚岙人支鸿基等筹资在东山头建灯楼，晴夜用煤气灯指航，雾天敲钟示警。后上海航道局将其改建为灯塔，用干电池供电。抗日战争期间，灯塔遭破坏。民国36年（1947年），海关派员在原址重修塔楼，扩建塔座，用干电池供电，列入海军海防设施管理系列。1958年，上海航道局委托温州航标处对普安灯塔进行重修，安装法国巴比尔公司塔式镜机，闪光射程6海里。1987年，实施塔顶重修和灯器重置工程，改用太阳能电板供电。整座灯塔为水泥砖石结构，由上下两部分组成，总高5.55米，上部由4层六边锥形体组成高2.95米塔身；下部为高2.6米四棱台体塔座。2004年1月被公布为县级文物保护单位。

普安灯塔

国民党军用无线电站遗址　民国15年(1926年)，国民党政府在东山上（今花粉宫西面）设立了军用无线电站，站内9间石砖砌成的瓦房成U字形，每边各3间，用作食堂、发电机房、电讯设备用房和6名常驻士兵寝室。站外高耸着两根粗壮的四棱柱电杆，并砌有一口八角井。盘踞在三盘的日军将东山无线电站作为侵略玉环岛的首选攻击点，于民国26年（1937年）9月18日出动炮舰，集中火力摧毁东山无线电站，切断了玉环抗日自卫队前沿通讯渠道，无辜平民深受其害。尚存水井一口，解放初期为人民解放军驻玉部队所用，后被当地居民改为圆口井。

国民党军用无线电站遗址

三、党史胜迹

人民解放军驻军旧址 1951年，为加强沿海防御和推进解放进程，人民解放军步兵第一〇五师三一五团进驻玉环，一个连驻扎在东沙头，留下了营房、弹药仓库、碉堡、战壕等军事设施。营房分上下两幢，均为一层石木结构，建筑主体为石材，屋梁为木材。弹药仓库设在山体掩蔽的防空洞内，从营房后面的西口进入至连接战壕的北口，呈“之”字形，全长约70米。两边山洞口分别刻有“巩固海防，保卫祖国”和“下定决心，不怕牺牲”的毛主席语录标语。

驻军营房

弹药仓库

福岛

四、海岸风光

东沙三面环海，登高远眺，茫茫东海浊浪滔天，阵阵海风拂襟开怀。远处鸥鹭齐翔，崖边浪花欢歌。海岸礁石经长年风吹浪打，造化出险峻峥嵘、千姿百态的海蚀柱、海蚀洞和海穹，奇礁异石引人入胜。

福岛 进鹰东隧道沿海堤前行，可见堤旁耸立一块有蝙蝠印迹的礁石，人称福岛，寓意福到，首先送给到东沙观光的人们一个诚挚的祝福。

神龟献宝、狮王护宝 东沙海湾天然生就一片礁石，西部称狮子岩：从鹰东方向看，前方是神龟献宝，身后有一头侧身伏卧的雄狮护卫；移步换景，从东沙方向看这组礁石，神龟献宝变成一头蹲坐的笑面狮子，热情欢迎四方宾朋，而护宝的狮王只看见背影。

盘龙卧虎 东沙海湾礁石东部称龙虎岩，一头老虎伏卧在一条巨龙的怀里，故又称盘龙卧虎。

神龟献宝

狮王护宝

笑面狮子

盘龙卧虎

雷公岩 从普安灯塔东面台阶往下到观景台，南边有一山崖有两个明显的脸谱，前者长着鹰鼻，让人联想起《封神演义》中的雷震子，人称雷公岩。后者像威武的将军，人称海神爷。崖下有一山洞与观景台北边山洞相通，涛声如雷，水雾弥漫，人称雷音洞。雷音洞前一巨石如龙头翘首直指苍穹，人称蛟龙出海。

雷公岩

海神爷

雷音洞

蛟龙出海

金砖路

金砖路 普安灯塔南面海岸崖间有一条黑色的石缝酷似用金砖砌筑的小路直达山顶，传说花粉娘娘从福建乘船来到东沙，先在岸边洗脚，然后从这条金砖铺就的小道登岸，因此留下洗脚潭和金砖路。金砖路向西有天公壁画等景观。

天公壁画

第二节 东西岙

东西岙位于楚门镇东北部，古称竹冈，村域面积2.3平方公里。北靠凤凰山，峰环绿翠，水转清碧。竹冈自古才俊辈出。文臣有南宋户部侍郎戴明，明朝吏部文选司郎中陈钝、刑部左侍郎陈璋、大名府同知彭俊、仙游知县彭昭等，戴明创办皆山书院，开玉环教化先风。武将有清代澎湖总兵戴宪宗等。有“自古高官出竹冈”之说。竹冈到处布满史迹。有唐代古刹灵山寺，北宋古香樟，南宋皆山书院及戏台、武圣殿、古井，明代陈参墓及墓前石马、石羊，羊角山南麓戴氏太端古墓顶长于清康熙年间（1662～1722年）的古桧，灵山寺前长于光绪年间（1875～1908年）的九株樟后代。顺治十八年（1661年），朝廷下令“撤边海三十里民居而空其地”，建竹冈寨城，设边海防御。乾隆年间（1736～1795年）流传民谣《灵山寺俚歌》提及诸多胜迹，尚存的有古月湖（即花柳池）、尚书祠、三板桥、石牌坊、七枝塔、十八踏、石香炉、石擂鼓等。

东西村风貌

灵山寺

戴明故居遗址

武圣殿

武圣殿戏台

皆山书院旧址

陈参墓

陈参纪念馆

【民间故事】

竹冈传说

相传乾隆皇帝在梅龙镇（今乐清虹桥）得了爱妃后，兴致十分高涨，问纪晓岚还有哪里可游。纪晓岚说玉环有灵山寺可游。于是，便收拾上马离开梅龙镇。

到了大竹冈，太阳快要下山，又迷了路，便向归村的牧童打听。牧童扬鞭指了指山村晚雾深处，说起了一连串顺口溜：

山里山，岙里岙，天马山里东西岙。
东西岙里竹冈寨，竹冈寨里花园街。
花园街里石马坦，石马坦里白石滩。
白石滩里花柳池，花柳池里尚书祠。
尚书祠里石马槽，石马槽里三板桥。
三板桥里石狮子，石狮子里石牌坊。
石牌坊里石碑廊，石碑廊里九株樟。
九株樟里七枝塔，七枝塔里十八踏。
十八踏里石香炉，石香炉里石擂鼓。
石擂鼓里山门殿，钟楼鼓楼列两边。
山门殿里金刚殿，金刚殿里是大殿。
大殿里面讲经堂，讲经堂里藏经房。
两横边，都厢房，第一透是迎客堂。
随后观音地藏殿，僧房斋堂方丈房。
殿里殿，堂里堂，房屋连片山里藏。
木鱼钟磬日夜敲，香烟袅袅红烛烧。
皇帝赐额灵山寺，寺院名声传四方。

其实，牧童说的顺口溜都是灵山寺周围的景观和建筑物。乾隆皇帝不知内情，见说得这般复杂，以为道路还远，加上太阳快要落山，游兴全无，便问牧童附近有没有客店。牧童说没有，但随后又说："你们进村问我爷爷吧！"

牧童的爷爷是当地名医，陈参的后人。陈参是明朝景泰朝吏部文选司郎中陈钝之父。这个家族先后受到明朝景泰、正德和嘉靖三朝25道圣旨敕封。至清代，其家族销声匿迹，大多以农为业。此名医满头鹤发，医术高明，大家都敬称他为陈家太太公。陈家太太公没有亲生子女。牧童的父亲是陈家太太公从本家房族领养的。

乾隆皇帝进村入室后，陈家太太公便热情接待。陈家太太公严守祖训，不肯响应清廷招贤的申令。然而，对康乾盛世带来的安适日子，仍然崇扬不止。他对乾隆皇帝游江南一事也有耳闻，也早料到乾隆皇帝游灵山寺那么一天。他知道眼前两人非等闲之辈。但是，他没有点明，丝毫不敢怠慢。

留宿后，乾隆皇帝受了风寒。陈家太太公精心治理，乾隆皇帝很快见效。几天接触，陈家太太公与乾隆皇帝交情加深，看出乾隆是个求贤若渴的皇帝。他搬出家藏的25道前朝圣旨给乾隆皇帝看，看看乾隆皇帝有什么反映。乾隆皇帝夸奖了这个家族对前朝的忠诚和对社会的贡献。

与乾隆皇帝分别不久，陈家太太公便接到乾隆皇帝让当地官员转送的赠品：一顶红缨帽、一件马褂和一双朝靴，十分欣喜。陈家太太公后来活到八九十岁高寿无病而终。

第三节　水桶岙

水桶岙村位于沙门镇西南部，北靠大洋山，东挽狮子山，西揽大象山，东南向东海门户洞开，辖南冲、荞麦坑、邢家、水桶岙四个自然村。水桶岙又名水动岙、水洞岙，一说因村南近海沙岗随涌潮起落犹如在海里游动的活沙龙而得名水动岙；一说因村南山溪流经山洞归入大海而得名水洞岙；一说因大洋山形似两头水桶而得名水桶岙。据《孔氏家谱》记载，水桶岙孔氏家族已有900多年历史。

水桶岙村口

大洋山　相传，以前有风水先生在山巅大头窟的空旷处为一位死去的村民勘得阴宅。可人刚下葬，山下人家的麦磨和盆碗盏便山摇地动般地“丁零当啷”响起。迁葬后，村子里才恢复了平静。十里八乡都知道大洋山是一座没有坟墓的大山。

狮子山

狮象相生

狮象相生　南冲山头半山腰有一块巨石横空出世，像雄师蹲坐，气势不凡。夜幕降临或晨光熹微时，狮子侧影最为逼真。但从沙龙岗南面眺望狮子岩，却显现一幅栩栩如生的大象岩雕，人称“狮象相生”。

大象山　水桶岙西侧山峰高耸，青灰色的石梁特别显眼，犹如大象鼻梁伸向村子，与四周层林色差很大。村民们习惯称之为大象山，说山巅有大象的耳朵和眼睛。在横跨溪涧的小桥上放眼望去，大象的鼻子伸向溪涧，大有“饮如长鲸吸百川”的气势。

大象山

沙龙岗

沙龙岗　村南近海有一条沙石堆成的堤坝，海浪小的时节堤坝也小，海浪滔天时堤坝也大，始终守卫着堤内的庄稼田园，被当地人视为能挡风御浪的沙龙。

洞川庵

洞川庵 溪水在村子里划出个“几”字，在当地人看来那是凤凰的羽翼。就在“几”字腹地，洞川庵背靠狮子山，面朝大象山，枕溪而立。此庵始建于清道光十六年（1836年），几经修扩建，现建有大雄宝殿、观音殿、地藏殿、天王殿、济公殿及厢房斋堂等殿宇楼阁，雕梁画栋彰显庄严古朴。相传，此庵原有一对石狮子、两根七宝如来柱、七口连环古井，后遭破坏。

洞溪桥 清光绪四年（1878年），由孔继根聚头捐款集资修建。东西走向，为三跨石梁桥。全长10.7米，宽2.2米，河中筑两排桥柱，每排方形石质立柱3根，上置锁柱石以承托桥面铺设的石梁、石板，略呈弧形，桥北侧中跨石梁上阴刻“洞溪桥”。

洞溪桥

礼德堂

第四编

古树名木

【史料辑录】

玉环历史之最（三）

捕获最大的鱼： 道光年间（1821～1850年），鸡冠山人捕获一头巨鲸，割鱼背肉满载十余船，剖鱼腹有人手足爪甲数升，锯断鱼脊骨，每节可容谷数斗，可作捣米用的捣臼。

最早的慈善机构： 道光二十六年（1846年），同知龙光甸捐廉建造养济院。

规模最大的农民起义： 王玑反。咸丰九年（1859年），王玑率领盐民抗税。咸丰十一年（1861年）十二月十三日，得临海、黄岩太平军将领邱善潮、朱子珊支持，率200多名义军，联合楚门义士吴士章、吴士卓兄弟众人，一举攻克玉环厅城。十五日，王玑率众退却，遭地主武装王步霄伏击，所剩义军100多人正欲从礁头下船突围，不幸潮水退落，船只搁浅，与官兵激战礁头滩涂，终因寡不敌众，皆壮烈牺牲。

第一位办市场的人： 郭国芳（1846～1916），坎门人。于同治五年（1866年）开设恒源南货店（后改称郭源顺南货店），使坎门成为闽商南货集散点。

第一所武术学校： 镇筠堂武书院。光绪元年（1875年），楚门筠岗耿灿东（1843～1925）中武举。光绪晚期，独自捐资在其宅第创办武书院（后迁镇筠堂续办），并亲自传授武艺。耿灿东功底深厚，双手能平端巨大石墩，挽320斤硬弓，慕名拜师者甚众。

寿命最长的人： 黄聚明，琛浦人。生于乾隆年间，卒于光绪年间，110岁。同知杜冠英赠“寿比罗侯”匾。

最早引种文旦的人： 韩姬宗（1831～1902），龙岩山外张人。光绪二十三年（1897年），韩姬宗结束宦游江西生涯，偕侧室徐氏返乡途中，遇福建香客，分食其供佛后的福建文旦，将13粒种子带回家乡播种，成活3株，即玉环柚原始实生树。后人将其与本地玉橙、土栾嫁接，经选育繁衍，品种渐臻优良，遂成名闻遐迩之柚类珍品。

最早的航标： 民国2年（1913年），史火顺在坎门东山头小屋用桅灯引航。民国14年（1925年），钓艚岙支鸿基等筹资在东山头建灯楼，晴夜用煤气灯指航，雾天敲钟示警。后上海航道局改建为普安灯塔，用干电池供电，抗日战争期间遭破坏。民国36年（1947年），海关派员在原址重修塔楼，列入海军海防设施管理系列。1958年，上海航道局委托温州航标处对普安灯塔进行重修，安装法国巴比尔公司塔式镜机，闪光射程6海里。1987年，实施塔顶重修和灯器重置工程，改用太阳能电板供电。

最早的造船厂： 黄源发渔用船厂。址坎门后沙，黄永楷于民国3年（1914年）始修网钓渔船。

第一所西医诊所： 民国4年（1915年），坎门后沙陈孟扬（1894～1964）于坎门设诊所行医，为县境西医之始。民国10年（1921年），台州临海、黄岩、温岭霍乱、伤寒等传染病蔓延，陈孟扬受会稽道尹委派，前往救治，使病情得以控制。次年，玉环监狱伤寒暴发，陈孟扬出手救治，又制止了病情蔓延，受司法部二等银质奖章一枚。

第一个出国留学生： 郭云观（1889～1961），坎门人。民国4年（1915年）以优秀成绩毕业于北洋大学法律系，民国6年（1917年）被派驻美国大使馆，并入纽约哥伦比亚大学法学研究院专攻国际法及外交学。

第一章　本土古树

第一节　古　樟

法师殿古樟

法师殿古樟　位于楚门镇东西村法师殿前，为灵山寺住持林峰于北宋建隆元年（960年）所植。树身已空，可藏数人，但仍苍翠挺拔。乡民毛楚镛有诗云：“历尽风霜看老樟，千年不朽色苍苍。山边松柏葱笼翠，殿宇炉烟飘缈香。碧树挂虹晨后隐，丹崖曳雾夜间藏。山川奇异空灵地，古木新枝锋逞强。”

小间古樟

小间古樟 位于沙门镇小间村主道当中，植于南宋嘉泰年间（1201～1204年）。人民公社化时期，古樟被人砍掉西部枝杆，致西北树身枯萎，东南长势仍旺。古樟树身粗大，6人方可合抱。树根被白蚁蛀蚀成1米多宽的大洞，离地面3米处也有一个宽约60厘米的洞穴。

干家岙古樟　位于沙门镇干家岙村，植于清康熙年间（1662～1722年）。

小岙古樟　位于大麦屿街道大龙湾村小岙，植于乾隆三十五年（1770年）。

小普竹古樟　位于玉城街道小普竹村部北面，植于乾隆五十九年（1794年）。

石峰古樟　位于大麦屿街道石峰山村，石峰山庄8棵，分别植于嘉庆年间（1796～1820年）、光绪年间（1875～1908年）；下潭1棵，植于光绪年间。

筠岗古樟柏群　位于楚门镇筠岗济理寺，同治元年（1862年）万青和尚于牛角坑重建济理寺时所植。“文化大革命”期间，济理寺被造反派占用，周边树木无人管理，被人乱砍乱伐一部分，修筑密溪水库时伐了一批用作木桩，仅存20多棵。参天的松柏和古樟繁茂成阴，有诗云：“济山树海波涛卷，松柏参天争云端。古樟群中凉亭坐，四方游客把景赏。”

茅埏大岙古樟　位于海山乡大岙村中心幼儿园前面，植于光绪三年（1877年）。

玉水古樟　共2棵，分别位于玉城街道玉水村陈府侯王庙南侧和大门口，植于光绪十年（1884年）。

火叉口古樟　共5棵，位于大麦屿街道火叉口村，坑里水库前1棵，陈家祠堂后山坡2棵，隔门岗上1棵，洞桥头1棵，均植于光绪十八年（1892年）。

扫帚山古樟　共4棵，位于清港镇扫帚山村部，植于光绪十八年（1892年）。

九株樟后代　位于楚门镇东西村灵山寺前，植于光绪二十年（1894年）。相传慈明和尚重修灵山寺时，在前门栽下九株樟树。民国时期被人为破坏，仅留下两株后代。

鲜岭古樟　位于大麦屿街道鲜岭村，植于光绪二十三年（1897年）。

曾家古樟　位于大麦屿街道曾家村，植于光绪二十五年（1899年）。

县府大院古樟　位于县政府大门内东侧，植于光绪年间（1875～1908年）。1967年为使两面矮墙对称砌坎，树身下部2米左右埋于土下。

彭宅古樟　位于楚门镇彭宅村上盖庙天井中，植于光绪年间（1875～1908年）。

鹭鸶礁古樟　位于大麦屿街道鹭鸶礁村，植于光绪年间（1875～1908年）。

第二节　古　柏

柏树台门

柏树台门　位于清港镇柏台村，为一对连理柏，植于北宋咸平年间（998～1003年）。两树相距8米，盘虬纠缠，鳞爪飞扬，状如台门。东边一棵只结籽不开花，籽粒饱满；西边一棵只开花不结籽，花色嫩黄，香气幽雅。一雄一雌，长相厮守，人称“夫妻树”。两颗柏树虽受风雨长年侵蚀，雷轰电击，树心全空，皮如枯鲞，但主干雄健，枝青叶茂，霜冻不怕，巨风不倒，常年不败。据说古柏枯皮能治百日咳，附近村民常夜窃树皮，使其受伤严重。1998年8月，柏树台门被公布为县重点保护的古树名木。传说，早年柏台村住一皇帝敕封的“坐家和尚”，来官不接，去官不送。家园宽敞，屋舍蝉联，错落有致，富丽堂皇，有“三透九名堂”之称。有一年，坐家和尚家起火，烧了一日一夜，“三透九名堂”付之一炬，唯独两棵柏树安然无恙。连接两棵柏树的是一根长约5米的石地伏。两柏北侧有两条各约5米的石制上马凳。向正北行五步有七块异石，一示“七彩”，七彩溶于白，寓意当官要让百姓过上幸福生活，而自身要清清白白；二示“金秋”，秋天是结果收获的季节。向正南行十来步有棋盘石。据说，到郑家相亲的女婿要过的第一关是在这棋盘上下棋，棋艺通过者方可入门。有诗云：“台门一座无工匠，柏树两棵分阴阳。人称十里旺杜郑，家居三透九名堂。上京官员踩马凳，入门女婿试考场。傍村溪水奔前程，美丽柏台幸福长。”

第三节　古银杏

沙门大岙里古银杏

沙门大岙里古银杏　位于沙门镇大岙里村张氏宗祠大门口。南宋时期张氏祖宗遭贬后举家由永嘉枫林迁至玉环桐林大岙里，于宝佑年间（1253～1258年）所植，有“古木细花”之美誉。

县府大院古银杏　县府大院内有5棵古银杏，均植于清光绪年间（1875～1908年）。

第四节　古罗汉松

龙潭古罗汉松

龙潭古罗汉松　位于玉城街道三合潭龙潭寺老山门边，植于明弘治年间（1488～1505年），被视为龙潭寺的“迎客松”。

岭呑古罗汉松　位于沙门镇岭呑村路边，植于清康熙年间（1662～1722年）。

第五节 古 柞

坑郑古柞木

坑郑古柞木 位于楚门镇坑郑村岙底自然村阮家祖墓旁，植于明万历年间（1573～1620年）。

张岙古柞木 位于沙门镇张岙村上屋里，植于清咸丰年间（1851～1861年）。

苔山古柞木 位于清港镇苔山村大会堂旁，植于光绪年间（1875～1908年）。

第六节　古茶花

龙潭古茶花

龙潭古茶花　位于玉城街道三合潭龙潭寺原三圣阁前，植于明崇祯年间（1628～1644年），剪枝插土，延生百千，素有“母茶花树”之称。

第七节 古黄杨

龙潭古黄杨

龙潭古黄杨 位于玉城街道三合潭龙潭寺老天王殿后庭院，植于明崇祯年间（1628～1644年），树高干粗，树冠平坦圆形，枝叶茂密。

第八节　古冬青

荞麦坑古冬青

荞麦坑古冬青　位于沙门镇水桶岙村荞麦坑坑底，植于明末清初。

第九节　古　榕

小古顺古榕

小古顺古榕　共2棵，位于大麦屿街道小古顺村杨府庙两侧，均植于清顺治八年（1651年）。

新塘古榕 位于大麦屿街道新塘村，植于康熙六十年（1721年）。

灯塔鸳鸯榕 位于坎门街道灯塔社区大宫边主村道路下，植于嘉庆年间（1796～1820年）。两棵古榕树一雄一雌，枝叶茂盛，称为“鸳鸯榕”。根系远延，至300多米处可见露根。

大同路古榕 位于坎门街道钓艚大同路东侧，植于道光二十五年（1845年）。枝叶茂盛，近主杆老根外露，在石砌墙坎上盘桓虬曲，老态凸现。其深根延伸人家灶间、床下。传说福建祖地乡人临井汲水，可见其枝杆状态。

五通爷庙古榕 共2棵，位于坎门街道坎门社区狗仔尾山五通爷庙前，植于同治年间（1862～1874年）。

小麦屿古榕 位于大麦屿街道小麦屿村部旁，植于光绪二十七年（1901年）。

第十节 古 朴

火车古朴

火车古朴 鸡山乡火车村有4棵百年以上古朴树，大平头3棵，分别植于清康熙（1662～1722年）、咸丰(1851～1861年)、光绪（1875～1908年）年间；火车里1棵，植于嘉庆年间（1796～1820年）。

外叶古朴 位于大麦屿街道外叶村，植于嘉庆年间（1796～1820年）。

石峰古朴 共3棵，位于大麦屿街道石峰山村石峰山庄，植于咸丰年间（1851～1861年）。

南山古朴 共3棵，位于鸡山乡麻风坑路旁，植于光绪八年（1882年）。

方岩头古朴 位于坎门街道方岩头村公路东侧，植于光绪年间（1875～1908年）。

龙湾古朴 位于大麦屿街道龙湾村村部旁，植于光绪年间（1875～1908年）。

小观音礁古朴 位于干江镇小观音礁，植于光绪年间（1875～1908年）。

虹田古朴 位于海山乡虹田村五亩田自然村，植于光绪年间（1875～1908年）。

第十一节　古柿树

三合潭古柿树

三合潭古柿树　长柿王位于玉城街道南山村岙口，植于清康熙年间（1662～1722年）。圆柿爷位于玉城街道北山村，植于嘉庆年间（1796～1820年）。长柿祖位于玉城街道西山村，植于道光年间（1821～1850年）。

第十二节　古大叶桂樱

坑郑古大叶桂樱

坑郑古大叶桂樱　位于楚门镇坑郑村杏树坦，植于清康熙年间（1662～1722年）。9月开花，翌年5月果熟，形似橄榄，当地人称“铁扎树”，主干已空，但树叶茂盛。

第十三节　古　桧

竹冈古桧树

竹冈古桧树　位于楚门镇东西村羊角山南麓戴氏太端古墓顶部偏后。据碑文记载，墓主安葬时间为清康熙五十三年（1714年）。按常理，古人不会在墓顶植树，因此推测此树应属野生，长于康熙末年（1722年）之前。顶部分生5根枝干，呈大盖伞形状向四方平展，北部下半截已腐蚀半空。乡民毛楚镛有诗云："老桧虬枝郁色青，异香扑鼻四乡邻。遗留百岁园林雅，历尽风霜无限情。"

第十四节　古桂花

西门古银桂

西门古银桂　位于玉城街道西门社区县西巷路旁，植于清嘉庆年间（1796～1820年）。

上青塘古金桂　位于大麦屿街道上青塘村丰山书院旁，植于道光二十四年（1844年）。

第十五节　古海桐

火车古海桐

火车古海桐　位于鸡山乡火车村老爷鼻头庙内，植于清咸丰年间（1851～1861年）。

第十六节　古喜树

县府大院古喜树

县府大院古喜树　县府大院内有5棵古喜树，均植于清光绪年间（1875～1908年）。

第十七节　古　枫

蒲田古枫

蒲田古枫　共2棵，位于楚门镇蒲田村刘府庙前戏台两侧，植于清光绪年间（1875～1908年）。

扫帚山古枫　位于清港镇扫帚山村部，植于光绪十八年（1892年）。

第十八节　古红楠

西坑古红楠

西坑古红楠　位于大麦屿街道西坑村鲤鱼山，植于清光绪十八年（1892年）。

第十九节　古杨梅

玉水古杨梅树

玉水古杨梅　位于玉城街道玉水山庄，植于清光绪二十三年（1897年）。

第二章 引种古树

第一节 古石榴

石榴园古石榴

石榴园古石榴 石榴园于2001年从山东枣庄引种10棵古石榴，2棵始植于清康熙年间（1662～1722年），其它始植于光绪年间（1875～1908年）。

第二节　古茶花

玉环公园古茶花

玉环公园古茶花　位于琢玉阁边，为1997年从江西南昌鄱阳县引种，始植于清嘉庆年间（1796～1820年）。

第三节 古桂花

玉环公园古桂花

玉环公园古桂花 位于公园大门内，为1997年从江西南昌奉新县引种，始植于清光绪年间(1875～1908年)。

第四节　古紫薇

石榴园古紫薇

石榴园古紫薇　于2001年从广州引种2棵原产于湖南的古紫薇，始植于清光绪年间（1875～1908年）。

第三章　本土名木

第一节　玉环柚

玉环柚

玉环柚　原称楚门文旦，玉环县树，芸香科柑桔属同柚类优良品种。果实有高扁圆形和扁圆形，成熟时果皮橙黄、光滑、油胞细、有芳香，果肉黄色或蜜黄色。主要分布于楚门、清港、龙溪、沙门、芦浦、玉城、大麦屿等地的滨海涂地和山麓。相传韩姬宗于清光绪二十三年（1897年）结束宦游江西生涯，偕侧室徐氏返乡途中，遇福建香客，分食其供佛后的福建文旦，将13粒种子带回家乡播种，成活3株，即玉环柚原始实生树（最后一棵“祖宗树”于1982年衰亡）。后人将其与本地玉橙、土栾嫁接，经选育繁衍，品种渐臻优良，成为名闻遐迩之柚类珍品。玉环柚以果大形美、肉嫩多汁、酸甜适口、药用价值高、耐贮藏等特点，自1982年12月以来多次在全国柚类品质鉴评中夺魁。1991年11月，著名遗传学家谈家桢赞之为“柚中之王”。1995年9月，著名经济学家于光远赞之为“中华第一柚”。1996年6月，玉环县被国务院发展研究中心农村发展研究部等组织公布为“中国文旦之乡”。

玉环文旦第一村——垟根村地处清港镇垟根隧道北侧，三面环山，气候宜人。全村区域面积1.67平方公里，625户2022人，文旦种植面积2200亩。2013年，全村文旦产量7800多吨，销售额3432万元，人均经济收入11145元。农家乐及采摘游等旅游产业趋势已显现。

垟根文旦基地

首届清港镇（垟根）文旦生态文化节开幕式暨台州市送文化下乡演出

垟根村全貌

第二节　木麻黄

解放塘木麻黄防风林

木麻黄　又名驳骨树、马尾树，原产于澳大利亚及太平洋诸岛屿，双子叶植物，共65种。中国引种3种，属常绿乔木，树干通直，冠呈狭长圆锥形或塔尖形。玉环县于1964年从福建东山县引入种子，1966年在大鹿岛、干江盐场、黄泥坎塘试植。20世纪80年代，全县大力推广黄泥坎塘木麻黄林网化成功经验，木麻黄种植发展迅速。木麻黄原是热带阳性树种，喜温湿，要求雨量充沛、光照充裕，但经驯化后耐旱、耐盐碱、抗寒、抗风能力增强，显现适应性强、生长快等优点，木麻黄林网更具防风、调温、保湿功能。

第四章　引种名木

第一节　北美红杉

大鹿岛北美红杉

大鹿岛北美红杉　又名海沿红杉、常青红杉、加利福尼亚红杉。原产于美国太平洋沿岸及加利福尼亚海岸，是世界著名速生珍贵树种。1972年2月，美国总统尼克松访问中国赠送家乡北美红杉树苗，栽种于杭州植物园。玉环县于1973年从杭州植物园母树分离出树苗分别种植于大鹿岛和县政府大院内。

第二节　北美鹅掌楸

大鹿岛北美鹅掌楸

大鹿岛北美鹅掌楸　位于大鹿岛风景区度假村东南面、鹿岛山庄西面，移植于1974年。

第三节　法国冬青

大鹿岛法国冬青

大鹿岛法国冬青　位于大鹿岛风景区金沙滩西面大路旁，移植于1974年。

第四节　台湾相思树

大鹿岛台湾相思树

大鹿岛台湾相思树　位于大鹿岛风景区去往龙门石刻景区游步道东面，移植于1974年。

第五节　华盛顿棕榈

城区华盛顿棕榈

城区华盛顿棕榈　位于玉城街道长兴路两侧。原产于美国、墨西哥等国，1999年4月从广东引种100棵。属常绿乔木，树杆粗壮通直，近茎部略膨大，下垂的枯叶覆盖于茎干，状似裙子，被称为“穿裙子树”。性喜温暖、湿润，耐荫，耐干旱，耐瘠薄，耐冬寒。

第六节　澳州苏铁

城区澳州苏铁

城区澳州苏铁　植于玉城街道三潭路等处。原产于澳大利亚，被视为国宝，2002年1月从广东引种108棵，始植于清光绪年间（1875～1908年）。属常绿灌木，茎干圆柱形，大型羽状复叶簇生于茎顶，深绿色，有光泽。喜有光、温暖、干燥和通风良好的环境，土壤以肥沃、微酸性的砂壤为宜，生长缓慢，寿命长。

第七节　加拿利海枣

城区加拿利海枣

城区加拿利海枣　植于玉城街道13号小区等处。原产于非洲西岸加拿利岛，2000年从福建、广东引种。

附录

湮没古迹

【史料辑录】

玉环历史之最（四）

最早的女子学校：坎门区立女子第一小学。民国13年（1924年）开办。

最早的钱庄：“源源”号钱庄。址坎门镇，民国15年（1926年）开业。数年后，“汇通”（坎门）、“恰康”（坎门）、“恰源”（楚门）等钱庄相继开设。后因市场萧条全部倒闭。

最早由国人自主建造的验潮所：坎门验潮所。民国17年（1928年）5月，中国天文与测地界宿老曹谟设计验潮所，择址坎门鲳鱼岙（又称平石岙）。民国18年（1929年）6月由国民政府陆地测量总局始建，民国19年（1930年）5月正式验取潮位资料，民国28年（1939年）6月日军侵犯坎门时被废置。1957年，人民解放军海军东海舰队海测处重建验潮井。1959年，中国首次向世界公布坎门高程精确数据。

第一个中共支部：中共古顺支部。民国17年（1928年）4月，潘俊受中共浙江省委特派员兼中共永嘉县委书记郑馨指派到玉环，以古顺为落脚点开展革命活动，在镇海宫成立古顺农会，吸收农会积极分子加入共产党，成立古顺党支部。7～8月，郑馨到玉环批准建立古顺、楚门、田岙3个中共支部。

最早的股份公司：沪兴公司。为韩约渔、陈楚材等于民国18年（1929年）合股创办，购置“瑞平”号客货海轮，载重469吨，以花岩浦为埠，与瑞安、平阳、上海等地通航。

第一任中共县委书记：金国祥（1908～1953年），楚门人。民国19年（1930年）6月，中共玉环县委成立，金国祥任书记。

牺牲在玉环的中共早期领导人：潘心元（1903～1930），湖南浏阳人。曾任红军总前委常委、红三军代理政委、红四军政委、中央巡视员等职。民国19年（1930年）8月和11月先后两次以中央巡视员身份到浙南进行革命活动，任红十三军政委。12月，在玉环九眼港被国民党水警队抓捕，就地枪杀在芦浦分水山麓的滩涂上。

第一所中学：楚门私立东方中学。址楚门镇谷水村，民国28年（1939年）9月创办，年底被国民政府以“赤色嫌疑”为名强令停办。

最早的师范学校：玉环县简易师范学校。民国31年（1942年）春在三合潭三个庙创办，民国33年（1944年）8月迁至县城文庙。

第一所县立中学：玉环县立初级中学。址楚门镇，民国35年（1946年）3月创办。

第一任人民政府县长：丁世祥，坎门黄门人。民国38年（1949年）4月7日，玉环解放。4月14日，中共玉环县委和县民主政府（5月12日改称县人民政府）建立，丁世祥任书记兼县长。

第一个由民间企业开发的景区：大鹿岛景区。海上森林、奇礁异石、岩雕艺术构成大鹿岛“三绝”。2000年7月，由苏泊尔集团公司接手开发大鹿岛旅游业。2007年，大鹿岛被公布为国家AAAA级旅游景区。

华东地区唯一的海岛火山遗址：石峰山。海拔300多米，休眠火山顶状若覆镬。

西青山

西青山位于玉城街道，蜂峦盘亘，重岗叠岫，林木繁茂，浓青如沐。清光绪《玉环厅志》记载：“东为中青岭，西有西青岭，半岭有花粉宫，林泉幽胜，夏日多凉。旁有四到亭，为纪念黄维诰四次出任玉环厅同知所建。最西为千仞冈、双凤溪、天鹅沼、石脊梁、万年藤、翠云窝、珠帘岛、玉蟾池、白龙湫、虬树坡、棋枰石、芝药圃、凝碧潭、太乙源、少霞洞、蒲团峡、捣药臼、浴丹泉、琅玕峡、屈曲溪、钓鳌矶、龙骨涧、长啸台、似调亭、丹霞嶂、梯云渡、画卦川、寻真路、谈元座、静观亭、船亭、仙人床，暨飞泉分瀑、峰回路转诸胜，为环山第一胜境，游者拟之为方壶蓬岛。”玉环厅首任同知张坦熊之子张云于雍正九年（1731年）作《环山胜景记》赞之。

清李树苑有诗赞曰：“西青山色锁云霞，偶向山前泊钓槎。贪看桃花入山去，那知山里有人家。”到清末，因年代久远，岁月沧桑，所谓的环山第一胜境仅存少霞洞和一帘瀑布，而少霞洞亦已冷落，但洞旁瀑布还常年倾泻，洞前的溪水还湍急流淌，环境仍然秀美。有诗云：“少霞洞口草青青，仙去山空水自灵。洒作甘霖贮尺泽，长笛清影照黄亭。”少霞洞，又名仙人洞，相传为张少霞炼丹成仙的地方。

民国16年（1927年），谢乃绩初任玉环县长时，发动各界人士在仙人洞附近植树造林，称“中山林”，并拨款筑路造桥，又在洞旁建中山纪念亭，亭联为“十年树木，百年树人”。亭内竖高3米的纪念碑，谢乃绩亲题碑铭：“中山林古称仙人洞，周围壁崖幽壑，有瀑布倒流湍急，喷溅若雾，山色秀美，奇特壮丽，引人入胜。惜无林木和亭榭建筑，洵为美中不足。余接任未久，于此植树造林，点缀风景。须知造林首重护林，吾愿邑人，共同爱护，不数年可望树木茂密成林，增添景色。瀑布旁建中山纪念亭，作游人憩息之所。冀望中山林秀丽之景天长地久，永盛不衰，以供后人观

赏。作此碑铭，以留纪念。”楚门邱九峰《游中山林》诗云：“一径通幽众绿侵，风蝉午韵作联吟。远贴深壁摩崖字，横写中山纪念林。”

抗日战争期间，历任县长无心顾及中山林，有人乘机盗伐林木，纪念亭被拆毁，石凳不翼而飞。解放后，有人在中山林开山采石，肆意破坏山体。又在西青山上修建水库，致使瀑布断源。

千百年来，从西青山到仙人洞，从仙人洞到中山林，历尽沧桑，山境面目全非，古迹湮弃埋没，往昔名噪一时的胜景不见踪影。

【古文选载】

环山胜景记

清·张　云

宇宙怪奇伟丽之境，非搜讨所能穷。而其渐开复蔽芜没于荒榛丛莽之间者，迟之又久，必待圣明之世，地辟壤开，而其奇乃因以复显。玉环地悬海外，为前代之所遗弃，凡四百年矣。岁丙午，制府李公题请展复，垦艺招徕，不遗余力，然后其地始可耕桑。因得仙人张少霞洞于西青岭侧，其峭壁幽崖，奇峰绝壑，与夫古藤异木之盘绕纠葛于山中者，一经剪辟，无不轩豁呈露，极瑰奇绝特之观。予于辛亥夏因省视往游焉。

甫至山麓，见碑石耸立突起，直逼霄汉。距碑而上，抵少霞洞，怪石森列，玲珑虚敞，清风自生，翠烟若留。徘徊久之，升千仞岗，川原万里，如在目前。指顾间，其视长啸台，不啻泰山之俯培塿矣。循台以北，侧闻水声潺潺若鸣佩玉，即凝碧潭也。近岸趺坐，岩左为丹霞嶂，青壁斗绝。复逾潭观仙人床，可枕可卧，岂少霞之所尝偃息欤？踞谈元座，凝神片时，旋上梯云渡，独立瞻眺，几忘鸟道之峻而高也。由渡而下，至双凤溪，见万年藤，轮囷离奇，恣态横溢。过溪有池，岩流倒泻，喷薄惊人。由池北入琅玕峡，夹道崭然。旋至虬树坡，观其昂首上生狰狞夭矫之状，毅然若壮夫离立相持不相下。自坡达石脊梁，峰回路转，遂至龙骨洞，坐蒲团峡。溯曲折溪，石色苍古，溪流宛转，绝可爱玩。逾溪有翠云窝，萝荫四合，苍翠蒙密，憩息其中可以竟日。窝上瀑雨纷飞，每风回日映，其状难名，仿佛珠帘十二，常垂苍崖白石之间，以名珠帘岛，洵非虚语。及游白龙湫，石岛宛然龙形，下即一泓清冽，如涵天镜，亦奇观也。由湫前见棋枰石，宽平如砥，可恣可憩。复寻芝药圃，其地奥美，多产灵芝芳草。旁有捣药臼，虽炼丹人远，而铅汞术苓之气犹似狼藉于臼旁者。更循画卦川，穷太乙源，清流浩浩，蜿蜒曲折，历珠帘岛下白龙湫，往复奔注，直达天开河而后止。凡山中之田亩皆由以利赖焉。

余所见仙洞之奇胜有如此。独念东南山水之美，钟于天台、雁荡，下此穷乡僻邑，虽间有胜致可游，然皆不足与之相抗。玉环仙洞，其名胜宁让台、雁乎，何为湮弃埋没，经数百年而始出也？乃知宇宙怪奇伟丽之境，不遗荒远，惟必有待而后彰。今皇上德合高深，制府公鸿猷辉映，固宜山呈其秀，水效其灵。虽以海外弃置之地，为灵运屐齿所不到者，亦若踊跃奋迅，争献其奇，以昭圣世开复之华。迄今游览之余，而仰其峰峦足以凭眺望，俯其流水足以资灌溉，举仙洞之山川林麓，皆可利济民生。则夫珥笔记胜，适以显皇灵之振铄，而岂徒侈一日之游观已哉。是为记。

济理堂

济理堂位于楚门镇筠岗村。济理堂原非地名，为佛教寺院。由于所在地山水秀美，游人多，影响大，所以人们习惯将这一区域叫济理堂。济理堂古时为港北著名胜境，区域范围包括金竹山、龙山、木岗山、山对山等。四周岗峦环绕，石峰突兀，急瀑深涧遍布，到处是葱郁的林木，遍地是盛开的山花，风光绚丽，古誉为“石林之胜”。胜迹有里龙潭、外龙潭、龙游街、蟠龙壁、双凤岗、鳌头屿、蝙蝠洞、老僧岩、仙人迹、天柱峰、石艇岩、莲池泉、留云洞、万松径等。山腰的蝙蝠洞俗名夜游洞，有港北第一洞之称，因洞顶密集着数以千计、体大如鸽的蝙蝠得名。洞厅陡崖四围，古藤盘绕，悄怆幽邃，玲珑虚敞，可容百余人。有瀑布自洞顶飞驰而下，如银河倒泻，溅起万千珠玑，似烟似雾，回声轰鸣，气势磅礴。瀑布积水成潭，潭深莫测，人称“龙潭”。天旱时民众均来此祈雨。晴日，潭水湍急地向洞外弯弯曲曲的溪涧奔流形成“龙衢”，在阳光照射下闪闪发光，活像一条透明的游龙在悬崖峡谷中飞舞，蔚为壮观。山顶平旷处建有济理堂。1958年，建济理堂水库，寺院及部分胜迹均淹没于水中。

【古诗选载】

石林八咏

清·冯　至

楚门东北有石林之胜，胜景见于前人之题咏者八。余耳食者久之而未至也。嘉庆十年，行役花溪诸生郭于崇、许佩兰、徐廷谟、江思彬从余往游。嶙峋森茂，果不愧石林两字也。石林之中有禅林，志所称济菱堂者，堂椅枕山，龙双角入碧汉。其脊乐迤而南，注于洞。洞之南特峙一峰，如凤之冠。凤之东巨石如艇，风逐云移，橹楫摇摇然。艇之西稍北有石如印，印纽二寻有奇。艇之东有石如笋，丰标动人。洞西行折而南，有石如轩，虚敞可容百人。洞水自北来，奔挂瀑布焉。布之西攀林而上，北走有仙人足迹凡三五处。自仙人迹北走迤东下涧，有石潭，口围而腹皤。想秋风夜寂，月色良佳。王梅溪赋，吾越山川，五泄争奇于雁荡，四明竞秀于天台，也未有纯以石胜者。余为凝睇者再四，每冠以石，肇赐嘉名。

石龙雾跃

龙神物，胡寂寂。雷不惊，春独犹。
脉沐飞，苔藓翼。雨滂沱，震霹雳。
见在田，施大泽。困风尘，畴物色。

石凤霞翔

山匪岐，阁匪阿。凤不仪，意云何。
是高岗，今朝阳。竹个个，松苍苍。
赤城越，丹霞张。九苞翙，石翱翔。

石艇帆云

艇涉川，石胡然。帆之驶，云之前。
岚者海，津者天。艳宗悫，慕张骞。
南华子，夸虚船。破吾浪，银河边。

石缸镜月

琢玉缸，制酒海。沦缁流，艺瓜菜。
兹石耳，清泉沛。贮冰轮，明不晦。
藓若苔，苍更翠。瀹心源，特许最。

石轩帘瀑

狂风济，在厦淹。石洞富，石壁廉。
室生白，虚不嫌。对匡庐，下湘帘。
绣以锦，系以缣。珠累累，贯纤纤。

石屐蹄涔

夏皇累，周公舄。咸敝屣，非仙迹。
找芒鞋，寻石屐。底印深，脚板湿。
行路难，多厌浥。水山蹇，卦重译。

石筠藓箨

竹有节，节有筠。虚直劲，精淬纯。
介如许，复谁伦。箨兮箨，醇乎醇。
黄梅缜，白莩皴。徽之坐，孰主人？

石印松纹

山魈吼，理章绶。帝有旨，大如斗。
山之灵，系之肘。逐魑魅，失蝌蚪。
万树松，苍髯叟。丝纶纽，纹不朽。

后　　记

2013年，随着全县建设美丽乡村工作的不断推进，我县决定编辑《玉环胜迹图志》，作为《玉环县志（1989～2013）》配套读本，让地方历史文化更直观、更通俗易懂、更具普及性，并将其列入《2014年县级项目支出预算绩效目标》。经过一年半时间的前期筹备、资料搜集、图片拍摄、充实完善，编就了这本《玉环胜迹图志》。

《玉环胜迹图志》是史志工作者向父老乡亲奉上的一份厚重的礼物，旨在积累弥足珍贵的历史资料，传承地方历史文化，填补玉环历史上胜迹图志的空白；挖掘当地旅游资源，消除“玉环无风景”的偏见，推进玉环旅游产业开发；激发广大市民爱家乡热情和积极参与业余登山健身的高雅情趣；吸引更多的人关注玉环，进一步扩大玉环知名度和美誉度；引发人们对保护自然生态环境和人居环境的深层次思考，促进生态文明建设。

全书以图为主，以文为辅，穿插辑录相关的民间故事和史料以增强可读性，分古迹遗址、山水风光、乡村古韵、古树名木4编，共11章81节，附录湮没古迹。

古迹遗址编分历史古迹、党史胜迹2章。历史古迹分古村落、古城、学宫书院、老街、古寺庙、故居、古墓葬、驿道、古渡口、古桥、路廊、古井、烟墩、碉楼碉堡、标识建筑、石刻碑表、博物馆17节；党史胜迹分革命遗址、烈士墓、纪念馆3节。

山水风光编分景区、公园、山水3章。景区分大鹿岛景区、玉环漩门湾观光农业园、玉环漩门湾湿地公园、龙溪动漫花谷4节；公园分玉环公园、玉环石榴园、江岩岛森林公园3节；山水分大雷山、峦岩山、石峰山、丫髻山、百丈岩山、牛角坑、五门、白马岙、鹭鸶礁、干家岙、后沙滩、大龙湾、龙潭坑、田螺基山、双峰台15节。

乡村古韵分古镇渔乡、海角风情2章。古镇渔乡分楚门、沙门、鸡山、海山4节；海角风情分东沙、东西岙、水桶岙3节。

古树名木分本土古树、引种古树、本土名木、引种名木4章。本土古树分古樟、古柏、古银杏、古罗汉松、古柞、古茶花、古黄杨、古冬青、古榕、古朴、古柿树、古大叶桂樱、古桧、古桂花、古海桐、古喜树、古枫、古红楠、古杨梅19

节；引种古树分古石榴、古茶花、古桂花、古紫薇4节；本土名木分玉环柚、木麻黄2节；引种名木分北美红杉、北美鹅掌楸、法国冬青、台湾相思树、华盛顿棕榈、澳州苏铁、加拿利海枣7节。

在全书编辑过程中，得到各级领导和行家的悉心指导，得到相关部门、乡镇(街道)、单位、村的热情支持，得到县农办、县林特局、县文管办、县作家协会、县摄影家协会、红门摄影社、千色设计室的全力配合，在此一并表示衷心感谢！

由于编者水平和阅历所限，再加上史料不完整和时间仓促，书中难免有疏漏和不足之处，敬请读者斧正。

编　者

2015年5月

图书在版编目（CIP）数据

玉环胜迹图志 / 玉环县地方志办公室编.—北京：方志出版社，2015.6

ISBN 978-7-5144-1632-9

Ⅰ.①玉… Ⅱ.①中… Ⅲ.①名胜古迹-玉环县-图集 Ⅳ.①K928.705.54

中国版本图书馆 CIP 数据核字（2015）第 127316 号

玉环胜迹图志

编　　者：玉环县地方志办公室
责任编辑：张　昊

出 版 人：冀祥德
出 版 者：方志出版社
地址　北京市朝阳区潘家园东里 9 号（国家方志馆 4 层）
邮编　100021
网址　http://www.fzph.org
发　　行：方志出版社发行中心
电话（010）67110500
经　　销：各地新华书店
设计制版：杭州美迪图文设计有限公司
印　　刷：浙江海虹彩色印务有限公司

开　　本：889×1194　1/16
印　　张：18
字　　数：348 千字
版　　次：2015 年 6 月第 1 版　2015 年 6 月第 1 次印刷
印　　数：0001~2000 册

ISBN 978-7-5144-1632-9　定价：150.00 元